中国互联网营销发展报告
（2021）

主　　编：喻国明　陈　永
副 主 编：苏　同　谭北平　邵京平　丁汉青
执行主编：姚　林　刘　佳　杨　雅

人民日报出版社
北京

图书在版编目（CIP）数据

中国互联网营销发展报告 . 2021 ／ 喻国明，陈永主编 .
—北京：人民日报出版社，2021. 10
ISBN 978－7－5115－7136－6

Ⅰ. ①中… Ⅱ. ①喻…②陈… Ⅲ. ①网络营销—研
究报告—中国—2021 Ⅳ. ①F724. 6

中国版本图书馆 CIP 数据核字（2021）第 197352 号

书　　名：中国互联网营销发展报告（2021）
　　　　　ZHONGGUO HULIANWANG YINGXIAO FAZHAN BAOGAO（2021）
主　　编：喻国明　陈　永

出 版 人：刘华新
责任编辑：梁雪云
封面设计：中联华文

出版发行　人民日报出版社
社　　址：北京金台西路 2 号
邮政编码：100733
发行热线：（010）65369509　65369846　65363528　65369512
邮购热线：（010）65369530　65363527
编辑热线：（010）65369526
网　　址：www. peopledailypress. com
经　　销：新华书店
印　　刷：三河市华东印刷有限公司
法律顾问：北京科宇律师事务所　　（010）83622312

开　　本：710mm×1000mm　1/16
字　　数：200 千字
印　　张：16
版次印次：2021 年 10 月第 1 版　　2021 年 10 月第 1 次印刷
书　　号：ISBN 978－7－5115－7136－6
定　　价：68. 00 元

出品人

中关村互动营销实验室（IMZ）

联合出品人

华扬联众数字技术股份有限公司

京东零售

合作研究机构

秒针系统

普华永道

北京师范大学新闻传播学院

《互联网营销发展报告（2021）》

编委会

⊢ 序言 ⊣

中国市场监督管理学会会长　刘玉亭

2020 年是我国全面建成小康社会和"十三五"规划收官之年。面对复杂的国内外环境特别是新冠肺炎疫情的严重冲击，中国经济持续保持稳中加固稳中向好的态势。《中国互联网广告数据报告》忠实记录中国互联网营销的轨迹与路径，探索发现中国互联网营销创新特征与发展趋势，服务和推动实体经济稳定恢复发展。《报告》内容翔实、数据丰富、案例鲜明，框架布局宏观、中观、微观相结合，揭示了传播生态的改变对产业发展及业态模式变革的影响。

互联网营销已成为当下社会经济生活的重要组成部分。研究报告显示，2020 年我国互联网广告整体呈稳健增长的态势，互联网营销市场总规模达 10457 亿元，其中，非广告的互联网营销服务收入规模达 5494 亿元，超过传统互联网广告收入规模的 4972 亿元。由此可见，近年来，互联网产业通过提升服务、优化升级，在存量市场中寻找新的增长点，有力促进了互联网营销的持续增长。

第一，宏观层面，政策推进、技术赋能共同支撑互联网营销持续健康发展。

互联网广告规模不断扩大，国家监管法规与规范不断完善，产业政策力度持续加大，有力规范和引导了整个行业持续健康发展。2020 年，通过"网剑行动"的启动、网络直播营销活动监管的加强、虚假违法互联网广告查处力度的加大等一系列举措，有效规范了互联网营销市场，促进了互联网营销业务健康、有序、持续发展，使互联网广告与营销服务同传统广告媒体一起共享广告业发展的新成果。

创新是第一驱动力，信息技术基础设施建设赋能互联网营销新格局，技术创新与共振为互联网产业持续发展注入增长动能。2020 年，5G 技术飞速发展，物流运转助力供应链提速和商品交易周期缩短，大数据、云计算助力用户画像和精准推送，区块链技术助力数据存储和买卖交易安全。互联网产业以数字和算法技术为驱动的成功转型，使得全周期管理、全产业链闭环生态、私域流量直播营销和个性化定制成为可能。

在国家政策扶持和产业技术升级的大背景下，不仅互联网产业继续保持良好发展态势，传统媒体的数字化营销转型也同样呈现出互联网经济的新活力。有关研究显示，2021 年上半年，38 家广电机构开设的千万级粉丝数量的短视频账户，由年初 15 个增加至 25 个，百万级粉丝数量的账号增长了一倍。传统媒体多年深厚的人才积累，在互联网营销领域正爆发出巨大的能量。

第二，中观层面，互联网产业内部结构转型升级，增长规模体现时代特征。

新经济以信息和数据为基本要素，以互联网为平台，实现了人—货—场的互联互动互通。人—货—场的重构，有效提升了供需链路的转化效率，扩展了互联网营销的价值边界。在新经济时代，互联网产业的发展特征是内部结构的转型升级，已逐步实现从技术、模式再到思维的变革与创新。

互联网营销的增长规模也体现了当下的时代特征。在保持头部效应的基础上，广告的长尾效应释放，利基优势充分发挥，小微、新锐品牌的广告投入增加成为未来营销领域的关注点。2020 年，小微、新锐品牌广告主的广告投放增长了 50%，高于成熟品牌 5%，成为广告市场的新增量。互联网营销呈现定制化、直观化、场景化的新趋势，"以效带品"、私域流量、垂直市场、C2M 等模式日趋成熟。

消费者群体呈现出新的特征。"她经济"带动下的女性消费、新世代消费者带动下的国货崛起、"银发经济"趋势下健康消费和社区团购等现象，为互联网营销带来新的转型思路和探索模式。"产品消费"向"情感消费"转变，重新定义消费者的身份、强调消费的情感、价值观和个性化的生活方式，也将成为数字化社会中消费者更为常态的消费需求。

第三，微观层面，互联网营销"破圈"助推消费新业态新模式。

互联网营销模式经历了从产品中心到用户中心，再到"关系中心"的发展过程。随着平台环境、技术与生态的迭代与完善，借助内容平台、社交平台、电商平台的战略创新，互联网营销迎来了更多的发展机遇。连接、共享、协同成为互联网营销思维的核心，情感连接成为拉动新消费群体的黏合剂，"破圈"行为成为互联网营销新业态。

情感营销手段的不断成熟，触发了消费者共鸣，有效吸引了关键群体和忠实用户。互联网空间中，营销重点从对"商品"的销售转变成对"人"的情感运营，基于地缘、趣缘的社群连接和情感纽带，对建立消费者对广告品牌和产品的黏性尤为重要。品牌以心理连接入圈，同时跨越网络圈层实现营销传播。"破圈"营销和下沉营销，也成为 2020 年互联网营销的关键词。消费者的消费需求比以往任何时候都容易受到社群因素影响，在同类产品中消费者更愿意为能够获得身份认同、情感共鸣、圈层连接的品牌和服务买单。

在互联网营销中，逐渐形成了数量众多的私域流量营销生态圈层，通过直播带货、短视频种草、微博带货、接地气营销等注意力营销的方式，扩大营销规模和经济效益。明星和名人的助推进一步加速了这个领域的发展。未来，随着人工智能和虚拟现实沉浸式技术的发展，对于"虚拟偶像"入局互联网营销，通过自身的圈层影响力将流量化为红利，带动粉丝群体产生周边消费或者产品购买等行为，也存在着充分的想象空间。

"长风破浪会有时，直挂云帆济沧海。" 2020 年的互联网营销趋势，展现了新技术、新经济以及社会环境的新特征。数字经济时代，新传播、新营销、新消费的生态与变革，对互联网产业发展及业态模式正在产生持续深远的影响。后疫情时代，外部环境的不确定性也将带来新的机遇和挑战。今年是"十四五"的开局之年，不断践行新发展理念，继续巩固互联网经济持续健康发展的基础，增强互联网行业的风险应对意识，维护良好的互联网市场生态系统和营销环境，持续激发互联网头部企业和小微企业的创新活力，需要大家乘风破浪、守正创新、砥砺前行。

目录

第一章

2020 中国互联网广告数据报告

第二章

互联网营销的经济环境

第三章

互联网营销的社会环境

第四章

互联网营销的政策环境

第五章

互联网平台营销创新

第六章

互联网营销传播创新

第七章

传播学和传播实践的基点及核心逻辑的再思考

第一章

2020中国互联网广告数据报告

一、前言：凝聚力量，守正创新

迄今为止，《中国互联网广告数据报告》（以下简称"《报告》"）已连续发布了五个年度，为中国互联网营销行业提供了一份全面且具连续性的发展概要。《报告》已成为新年初始，政府主管部门、国内外行业机构、品牌企业、专家学者、互联网经营者等了解我国互联网广告发展状况的重要参考。

《报告》由中关村互动营销实验室（以下简称"实验室"）联合普华永道、秒针营销科学院与北京师范大学新闻传播学院共同发布。本年度《报告》除沿袭了此前的统计口径、基本分析逻辑、数据来源和一贯坚守的品质外，还将互联网广告拓展至互联网营销范畴，使其更具前瞻性及实用价值。

2020 年是我国互联网营销突破创新之年，面对新冠肺炎疫情的冲击和重重困难，我国互联网营销不仅呈现出极大的韧性，还为抗击疫情、恢复生产、拉动实体经济提供了基础保障。忠实记录和发现互联网营销创新轨迹，探索互联网服务和推动实体经济发展是我们的责任。历经数年积累，《报告》已从单纯的广告研究拓展到对互联网营销的探索。

二、2020 互联网广告的关键观点

基于 2020 年中国互联网广告数据报告所提供的基本数据，2020 年中国互联网广告市场呈现出如下关键特点和趋势。

（一）互联网广告市场规模在疫情之下仍维持增长态势

2020 年中国互联网克服全球疫情的严重影响，互联网广告全年收入为 4972 亿元（不包含港澳台地区），比 2019 年度增长 13.85%，增幅较上年减缓 4.35 个百分点。小微、新锐广告主进入市场不仅填补了大品牌投入放缓的市场份额，还支撑起互联网广告市场的两位数增长，为实体经济复苏开启了本土时代新路径。

（二）互联网营销市场增长稳健，规模突破万亿元大关

2020 年中国互联网从广告延伸至营销服务全流程的倾向更加明显，中国互联网营销市场总规模达 10457 亿元。其中非广告的互联网营销服务收入达到 5494 亿元，已超过互联网广告总收入。随着互联网营销模式的不断创新，在互联网广告增幅逐年放缓的背景下，互联网营销服务呈现出多元化增长，为拉动实体经济增长走出了一条中国路径。

（三）小微新锐品牌广告主成为互联网广告市场中的新增量

与 2019 年相比，2020 年小微、新锐品牌广告主的广告投资费用增长了 50%，高于成熟品牌 5 个百分点。年度增幅超过 10% 的广告主中，小微、新锐广告主占 39%，成熟广告主则只有 28%。这意味着小微、新锐广告主已成为支撑 2020 年互联网广告市场的新生力量。

广告主长尾力量的释放得益于两方面：一方面，一大批基于移动互联网经济红利的小微企业日渐繁荣，小微经济品牌化意识开始崛起，且与传统企业相比，此类小微企业普遍以轻资产模式运营，互联网营销成为其发展的重要手段；另一方面，各大互联网平台巨头的广告投放渠道下沉，也使这些小微企业得以跨越传统广告投放较高的门槛，享受下沉流量带来的红利。

（四）监管与规范成为 2020 年互联网营销新生态

中国互联网产业在快速成长中充分展示出效率优势，但同时亦带来了行业垄断、侵犯用户隐私、虚假宣传等伤及社会公平的负面影响。为此国家主管部门已先后出台多项监管、规范相关法规措施，力求在规范中促发展，建立良好的互联网营销环境，促进互联网产业的健康可持续发展。2020 年，国家市场监督管理总局发布了《关于平台经济领域的反垄断指南（征求意见稿）》《规范促销行为暂行规定》，国家互联网信息办公室发布了《网络信息内容生态治理规定》《互联网直播营销信息内容服务管理规定（征求意见稿）》等法规。这充分说明建立互联网营销新生态，是市场发展和全面建成小康社会的需要。

（五）视频广告强势崛起，短视频广告尤为抢眼

2020 年视频平台增速最快，相较 2019 年的 547.88 亿元增长了64.91%，达到 903.51 亿元。其中短视频广告最为抢眼，增幅达 106%，远超长视频广告 25% 的增幅。依靠快速增长，快手冲进 2020 年互联网广告前 10 名，居第 6 位。在后疫情时代，广告主对直接销售转化的期待更为迫切。2020 年，电商平台互联网广告增加 17.26%，所占份额较2019 年略有提升，达到 37%。"以效带品"模式将继续受到广告主的青睐。

（六）互联网拓展直播带货新零售模式

2020 年，电商直播带货营销已经成为零售数字化、电商突围的重要渠道。据统计，2020 年上半年电商直播场次超过 1000 万场，活跃主播人数超过 40 万人，观看超过 500 亿人次，上架商品数超过 2000 万件。网络直播已成为一种基于自身媒介特性对营销逻辑的改造性力量，具体表现在直播借助同步、互动、全通道的媒介特性深刻复现面对面的

购物场景，将营销重点从对"商品"的销售转变成对"人"的情感运营。

（七）受疫情影响，教育健康类广告投资增幅显著

2020年，消费者对各行业的需求随疫情表现出不同的弹性。其中，疫情推动人们对在线教育与医药健康的需求，因此，这两个行业的广告增幅最为显著，分别达57.1%和40.28%。与此相反，金融保险与旅游/娱乐/休闲则分别表现出46.43%与28.65%的降幅。

（八）人工智能助力营销内容海量生产

品牌方营销需求的增长推动了营销相关的内容被大量生产，单一内容的创意程度虽仍是关键，但已不是唯一决定因素，贴近消费者场景内容的海量生产能力与速度也成为各个营销单位比拼的关键。人工智能技术的发展则进一步提升了这一能力快速构建的可能性，今年一些主流营销机构开始使用这一技术来帮助产出高度定制化的内容。

（九）互联网品牌新运作方式诞生

与70后、80后相比，90后、00后等互联网原住民更愿意尝试新鲜事物，更乐于分享与互动，他们已摒弃随大众媒体塑造的"通约品牌"起舞的消费模式，而是步入"我的品牌我做主"的"自定义"品牌模式。网络的便捷、开放与社群所提供的情感黏性让消费者对"自定义"品牌更有信心。曾经主要存活于大众媒体上的品牌如今有不少"呼吸"于网络用户的口碑中，并因网络用户的圈层与易变而呈现碎片化与流动性特征。碎片化表现为互联网小众品牌的琳琅满目，流动性则表现为"网红"品牌频繁的推陈出新。互联网虽未改变消费社会的基本特征，但却在一定程度上将"符号价值系统"的定义权转移到网络消费者手中。找准圈层、触达用户、加强情感联系将是抓住互联网原住

民消费者的关键。

中国互联网广告行业
2020年度数据统计与分析

▌2020年中国互联网广告收入总体情况

- 2020年中国互联网广告市场规模为4972亿元人民币，较2019年上涨13.85%，增速较上年下滑4.35%。
- 2020年中国互联网营销市场规模为5494亿元人民币，广告与营销市场规模合计约为10457亿元。
- 从广告形式收入占比情况看，展示类与电商广告维持了2019年的市场份额，搜索类广告持续式微，市场占比连续两年下滑至13.4%。相比之下在短视频的强力助攻下，视频类广告继续强势增长，年增速达45.4%。

■ 2017—2020年中国市场互联网广告总体收入情况

单位：亿元人民币

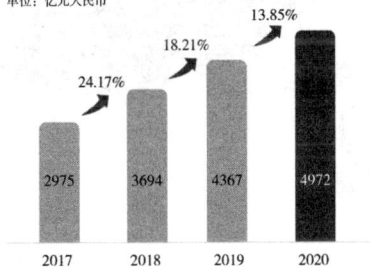

■ 2019—2020年各广告形式收入占比情况对比

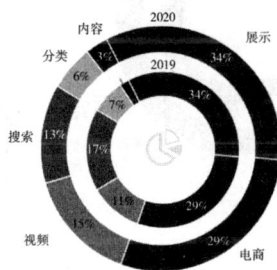

数据来源：中关村互动营销实验室

7

2020年中国互联网广告收入TOP10企业及规模

单位：人民币

| 1000亿+元 | 500亿-1000亿元 | 100亿-500亿元 | 100亿以下 |

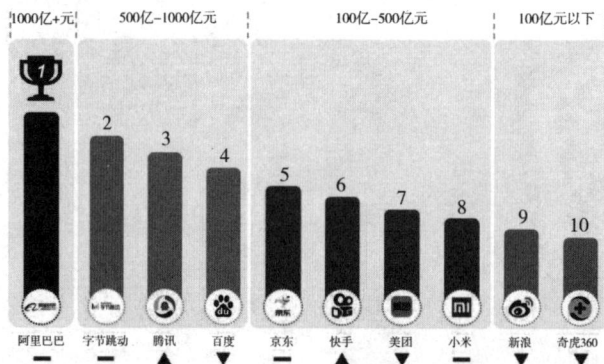

本期新进TOP10

快手

广告收入
128 亿元116.95%

本期退出TOP10

58同城

广告收入
70 亿元15.66%

阿里巴巴　字节跳动　腾讯　百度　京东　快手　美团　小米　新浪　奇虎360

数据来源：中关村互动营销实验室

2020年中国互联网广告收入的集中化趋势分析

■ 2019-2020年互联网广告收入TOP4与TOP10公司占比变化

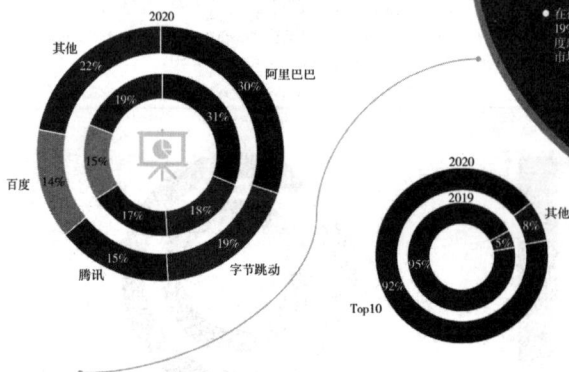

- 总体来看，中国式创新支撑2020全年本土互联网广告规模接近5000亿大关，广告与营销市场总规模突破万亿大关。但由于疫情影响，市场整体增长率较去年4.35%，放缓至13.85%。

- 相较2019年，市场集中度略有下降，行业前十公司的市场份额占比由19年的94.85%下降至92.42%，在互联网反垄断的大背景下，行业集中度是否会进一步下降有待观察。

- 在行业TOP10企业中，字节跳动的市场份额进一步扩至19%，其2020年广告收入达到950亿元，接近千亿大关；百度广告收入逐年下滑，2020年比下降9.46%至670亿元，市场份额进一步萎缩，今年已被腾讯超越，跌至行业第四。

- 在行业TOP5-10企业中，京东稳坐第五，以187亿元收入领跑第二梯队；快手借短视频广告东风首次闯入前十，并以128亿元广告收入超过美团点评，排名第六；新浪与奇虎360本年广告收入出现负增长，退至第九、十四位，58同城则掉出TOP10。

数据来源：中关村互动营销实验室

2019—2020年主要行业互联网广告收入品类占比及变化分析

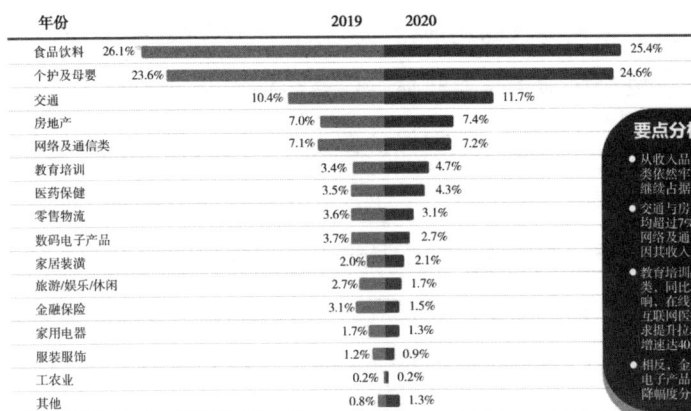

年份	2019	2020
食品饮料	26.1%	25.4%
个护及母婴	23.6%	24.6%
交通	10.4%	11.7%
房地产	7.0%	7.4%
网络及通信类	7.1%	7.2%
教育培训	3.4%	4.7%
医药保健	3.5%	4.3%
零售物流	3.6%	3.1%
数码电子产品	3.7%	2.7%
家居装潢	2.0%	2.1%
旅游/娱乐/休闲	2.7%	1.7%
金融保险	3.1%	1.5%
家用电器	1.7%	1.3%
服装服饰	1.2%	0.9%
工农业	0.2%	0.2%
其他	0.8%	1.3%

要点分析

- 从收入品类看，食品饮料与个护及母婴品类依然牢牢把控了市场50%的收入来源，继续占据市场半壁江山。

- 交通与房地产品类分列3、4位，市场份额均超过7%，收入较19年均增长20%以上；网络及通讯类的市场份额被房地产超过，因其收入增幅不大，约为15%。

- 教育培训品类成为今年收入增幅最大的品类，同比增幅达57.1%，这是由于疫情影响、在线教育高速增长；同样的，疫情带来的互联网医疗的蓬勃发展与保健品消费的需求提升拉动了医药保健品类收入高速增长，增速达40.3%。

- 相反，金融保险、旅游/娱乐/休闲与数码电子产品三大品类本年收入降幅较大，下降幅度分别为46.4%、28.7%、19.2%。

数据来源：中关村互动营销实验室

三、展望：在不确定中突破创新

2020 年我国互联网广告规模稳健提升，既表明互联网广告行业在创新中尚具可观的成长性，更体现出在以习近平同志为核心的党中央的坚强领导下，中国不仅有效地控制住了疫情，而且面对错综复杂的国际形势，保持了经济继续稳步发展的基本态势。在"十四五"规划开局之年，凝聚力量，守正创新，在疫情防控常态化的背景下，充分发挥互联网营销的创新优势，踏踏实实地服务实体经济发展。

（一）发挥互联网营销优势为实体经济创新发展服务

加快5G、人工智能、工业互联网等领域的发展，发挥互联网的技术创新优势，为扩大内需拉动消费增长服务。在新冠肺炎疫情防控常态化的背景下，发挥以网络零售为代表的在线新型消费优势，激活国内消费市场内循环，继续为小微生产者和经营者及四五线城市市场提供深度服务，发挥电商、直播销售平台优势，锐意创新，促进实体经济发展。

（二）构建互联网营销新生态系统

在大数据时代，借助庞大的用户行为数据，展开在线营销已成为新常态。同时，数据安全风险也日益凸显，保障数据安全、保护个人信息隐私值得高度重视。个人信息与数据保护作为互联网治理体系的组成部分，也是构建良好互联网秩序的重中之重。守法合理使用行为数据营销是互联网经营者必须坚守的底线。在隐私得到有效保护的前提下充分发挥大数据的应用优势，推动数字产业发展，守正创新才可以维护良好的市场生态系统，也才可以维持企业的长治久安。

（三）加强监管，为互联网营销持续发展营造良好的市场环境

2020 年可视为互联网行业治理从效率向公平倾斜的元年，今后一段时间内，着眼长远、重视公平的治理逻辑将继续延续。正是在市场竞争的激励下，互联网平台企业不断推进创新，实现了自身的发展壮大。公平竞争是互联网行业持续健康发展的重要前提。要实现行业持续健康发展，必须营造公平竞争的市场环境，持续激发企业的创新活力和发展动力。

中国互联网营销业将在众多不确定性中确定地继续前行！

第二章

互联网营销的经济环境

经过了 2020 年新冠肺炎疫情的冲击，中国营销市场在 2021 年迎来了复苏。首先，从互联网营销的宏观经济环境来看，过去一年互联网广告营销市场承压增长并且与 GDP 呈现同向波动的趋势；居民消费水平上升的同时也在倒逼营销市场的多元化发展；视频成为广告主最关心的营销形式，Z 世代①用户也已成为广告营销目标群体中不可忽视的一部分。除此之外，女性消费的崛起、银发经济的到来、国货品牌的新营销、小微广告主的新力量、小程序的全景布局，都逐渐成为互联网营销的主战场。在经济支撑体系上，物流链条加快数字化转型，运转效率和速度的提升助力商品配送；在资金流方面，区块链技术的入局增强了交易信任，为数据存储和支付安全提供保障；信息流立足于互联网各行业的协同发展实现了数字化转型。其次，从互联网营销的社会环境上看，国内用户健康消费增长明显；群体消费各具特色，理性与报复性消费交织呈现；线上媒体存量争夺激烈，线下媒体转型加速，整体呈现出稳中向好的发展局面。

一、宏观经济与互联网营销

2021 年初，中关村互动营销实验室发布了《2020 中国互联网广告

---

① 编者注：Z 世代是一个网络流行语，一般指 1995—2009 年出生的一代人。

数据报告》，首次将互联网广告拓展至互联网营销的范畴。数据显示，2020 年中国互联网营销市场总规模达 10457 亿元，其中非广告的互联网营销服务收入达 5494 亿元，超过互联网广告总收入的 4972 亿元。这是传统互联网公司从以广告为主的营收模式向以互联网营销服务为主转变的重要标志，也意味着传统概念中的"广告"正在往更大的范围上渗透，在数字经济时代已成为营销传播过程中的一种从属手段。

从经济角度上看，广告营销与宏观经济之间的关系往往是双向互动的。在过去，广告营销通常被称为国民经济的晴雨表，而如今的广告市场已经在各个方面刺激着经济发展。广告营销产业在国民经济中起着举足轻重的作用，尤其在促进现代服务业转型升级、拉动内需以及推动品牌的传播等方面不可或缺。

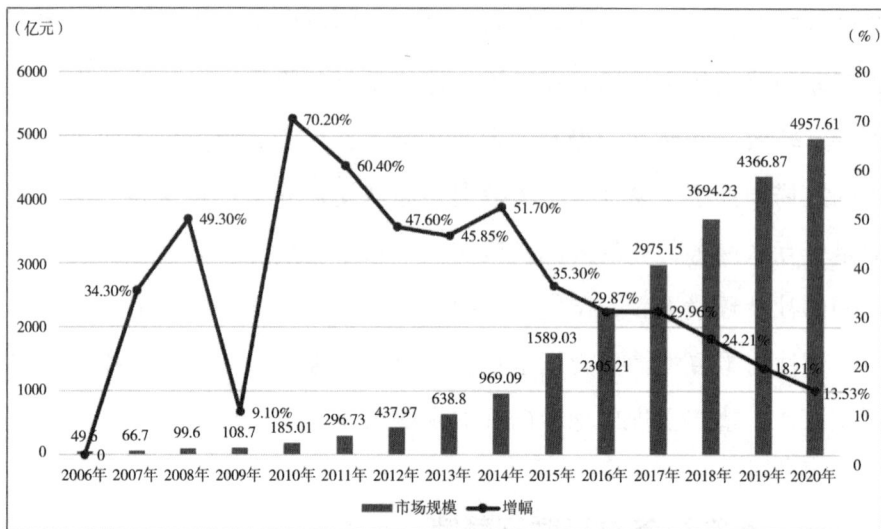

图 2 - 1　2006—2020 年中国互联网广告市场规模及增速

（数据来源：中关村互动营销实验室）

（一）GDP 与互联网营销

广告的投放关联着各行各业的发展状况，在经济繁荣时期，GDP 将带动广告经营额快速增长，但是在经济衰退时期，市场上大部分广告主都会缩减投放预算，广告经营额也将快速下降。国家统计局数据显示，2020 年中国 GDP 增长 2.3%，中国不仅成为全球唯一实现经济正增长的主要经济体，国民经济总量在历史上也首次突破了 100 万亿元大关。分季度看，一季度 GDP 增速同比下降 6.8%，二季度增长 3.2%，三季度增长 4.9%，四季度增长 6.5%，而中国互联网广告市场规模与 GDP 之间呈现同向波动。

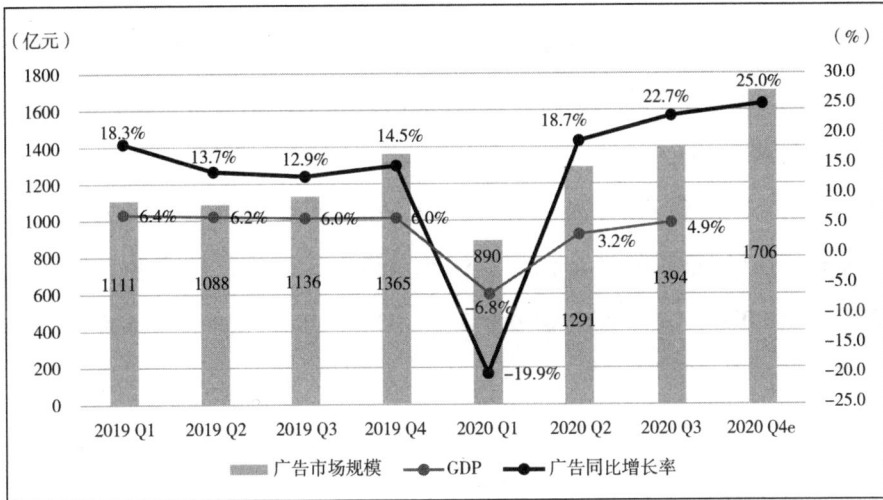

图 2 - 2 2019—2020 年各季度中国互联网广告市场规模与 GDP 之间的变化比较

（数据来源：AD INSIGHT 广告洞察数据库、国家统计局、QuestMobile 数据库）

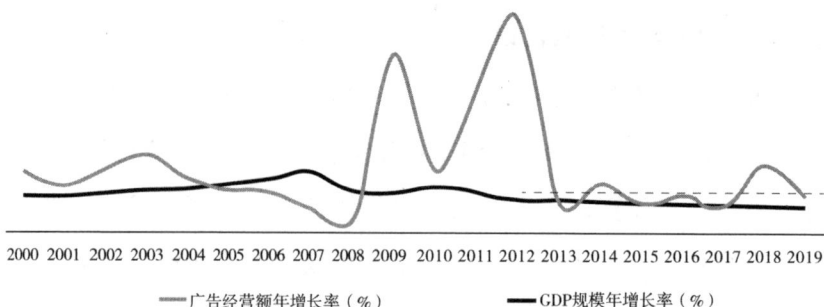

2000 2001 2002 2003 2004 2005 2006 2007 2008 2009 2010 2011 2012 2013 2014 2015 2016 2017 2018 2019

———广告经营额年增长率（%）   ——GDP规模年增长率（%）

图 2-3　2000—2019 年中国广告经营额与 GDP 增速对比[①]

（数据来源：GDP 增速来源于国家统计局，中国广告经营额来源于国家市场监督管理总局公布数据）

1. 历史上的危机经济指数与营销之间的均衡关系

2021 年 1 月 18 日，国家统计局局长在新闻发布会上介绍 2020 年国民经济运行情况时指出，2020 年疫情防控工作完成的情况好于预期。中国预计将成为全球唯一实现经济正增长的主要经济体。从宏观经济视角看，在 21 世纪以来多次危机事件中，中国都是世界范围内为数不多的实现 GDP 正增长的经济体，整体经济恢复速度快。国家统计局数据显示，在 2020 年一季度疫情发生时，中国 GDP 同比下降 6.8%，但是在第二季度就实现了 3.2% 的正增长，成为 G20 成员国中唯一保持正增长的经济体。[②] 而在 2003 年的"非典"以及 2008 年国际金融危机中，中国也以 10.4% 和 9.65% 的 GDP 增长率遥遥领先。

反观与 GDP 指数息息相关的广告行业，尼尔森 Ad View 发布的报告显示，在 2008 年金融危机后，世界各国的广告行业受到了不同程度

---

① 艾瑞传媒. 中国网络广告市场年度洞察报告（简版）［R/OL］. http：//report. ire-search. cn/report_ pdf. aspx？id＝3614.

② CGTN. COVID－19 sends most G20 members into negative GDP growth, except China ［EB/OL］. https：//news. cgtn. com/news/2020－09－05/China－outperforms－most－G20－members－in－Q2－GDP－growth－Tx3fT5yupq/index. html.

的影响，北美和欧洲的广告市场在每一个领域都几乎呈现负增长，但是中国在媒体市场的广告支出于 2009 年第一季度就实现了 2.5% 的正增长，到了 2009 年第四季度，中国广告市场同比增长 18.7%，超过了全世界 16.4% 的平均增幅。① 另外，从历年互联网广告市场规模来看，2008 年金融危机过后，2009 年广告市场增速断崖式下跌，但是在 2010 年急速上升。今年的广告行业虽然受到疫情冲击，增速放缓，但是整体上看还是呈向上趋势。由此推测，虽然中国广告市场整体上还需要一段时间才能回到疫情前的水平，但是恢复速度或许会超过世界上其他主要经济体。

除此之外，已有研究证实，我国广告市场与 GDP 之间呈现稳定的均衡关系，GDP 的增长也会带动广告营业额增长，并且 GDP 的增速对广告营业额的增速有着显著影响。② 经济发展程度越高时，整体用户的消费水平也会越高，因此也会为广告商创造更多的盈利空间，生产者就有足够的资金投入到媒体宣传当中，继续吸引消费者产生购买决策行为。供需双方相互作用将刺激广告市场持续发展。

2. 广告开发度整体比重稳定，但还有较大的发展潜力

从广告市场的增速上看，广告营业额整体发展速度要远高于 GDP 增速。虽然如此，但是我国广告营业额占 GDP 的比重还远低于发达国家水平。学术界通常用"广告开发度"来表示一个国家或地区广告的发达程度，即广告进一步发展的可能空间的指标，衡量标准是广告收入占国民经济（多为 GDP）的比例。按照国际惯例，一般发达国家的广告开发度为 1.5% ~ 2.5%、中等发达国家为 0.8% ~ 1.5%。根据原国

① Nielsen. Asia Pacific Ad Spend Trends 2009 vs. 2008 ［R／OL］. file：／／／Users／skyechen／Downloads／RegionalAdSpendsQ4_ 2009Report%20（1）. pdf.
② 袁兴兴. 我国广告市场与 GDP 相关关系实证研究 ［J］. 中国报业，2012（24）.

家工商行政管理总局数据，2015—2017 年中国广告营业额约占 GDP 比重分别为 0.87%、0.87% 和 0.83%，整体比重相对稳定，但是总体占比还远低于发达国家的水平，例如，美国广告营业额占整体 GDP 比重长期保持在 2% 左右，日本和韩国也达到了 1%。此外，我国在人均广告消费上也是远低于发达国家的。以上数据表明我国广告市场还有较大发展潜力，广告市场环境需进一步改善。

除了 GDP 总体水平之外，也有研究证实经济结构也会对广告开发度造成影响。广告是市场经济的产物，广告市场的发展程度以及发展规模不是由广告业自身决定的，而是取决于整体的经济结构，即第一产业占 GDP 比重越大，则广告开发度越低；而制造业、批发零售业和交通运输业、采矿业的比重上升会导致广告开发度上升。[①] 第一产业主要是指水生、土生等农业原始产品，往往也是人们生活当中的必需品，因此需求弹性较小，即使没有营销行为也会促使人们购买。但是制造业、批发零售业以及交通运输业对人们生活的需求弹性较大，营销则成为凸显产品功能并促进人们消费的重要手段，这部分产业的提升则间接反映出国民经济水平的发展程度。

（二）居民消费与互联网营销

2020 年中国居民收入与经济基本实现同步增长。国家统计局数据显示，全年全国居民人均可支配收入 32189 元，比上年名义增长 4.7%，扣除价格因素实际增长 2.1%，与经济增长基本同步。经济发展也必然带来整体消费结构以及居民消费理念的变化。中西方学者都曾检验过营销对拉动居民消费水平以及升级整体消费结构方面的作用，其原因是营销能够在产业层面

---

① 方英，池建宇. 广告业与宏观经济发展关系的实证分析 ［J］. 现代传播（中国传媒大学学报），2016 ［38（07）］.

上促进享受型和发展性消费支出的提高，动员用户将更多的收入用于消费，而不是用于储蓄，也就是说营销支出与消费增长之间具有正相关性，研究发现，公共广告可以显著提高居民对某一品类产品的消费兴趣。①

1. 居民消费水平的提升拉动营销方式的革新

居民消费水平与营销市场的发展是相互拉动的关系，并且用户需求也随着经济水平的提升而不断复杂化。面对不断变化的消费市场，各大品牌方也在创新营销方式，在不同行业之间相互渗透与汇融，通过不同品牌之间的资源共享以及强强联合达到降本增效的目的。在这个过程中，"多元"成为贯穿营销流程的一个关键概念，这一方面体现在用户需求的多元性，另一方面体现在广告营销方式的多样性。

首先，居民消费水平提升之后，用户需求更加多元。马斯洛曾提出需求层次理论，他认为人的需求是由生理需求、安全需求、社交需求、尊重需求以及自我实现需求五个等级构成，这些需求自上而下呈金字塔结构，并且随着技术进步、社会发展，人的需求逐渐从生理需求向自我实现需求过渡。2020 年新冠肺炎疫情之后，用户的需求从娱乐社交回到了对安全问题的关注上。益普索发布的数据显示，有 58% 的用户认为自己需要"更加关注日常生活"，75% 的用户提升了对身体健康的关注度，②"消费理性，健康生活"等概念成为社会生活态度的关键词。除此之外，据 QuestMobile 数据，疫情还让用户增强了理财意识、保险需求、健身习惯以及日常洗护习惯。③ 可以说此次危机让用户的社会需求关注面得到了

① Ward R W, Chang J, Thompson S. Commodity advertising：Theoretical issues relating to generic and brand promotions ［J］. Agribusiness, 1985, 1 (4).

② 益普索. 新冠疫情中的爱与愁——共克时艰的中国消费者们 ［EB/OL］. https：//pdf. dfcfw. com/pdf/H3_ AP202003121376176396_ 1. pdf? 1584025313000. pdf.

③ QuestMobile 研究院. QuestMobile 2020 年新冠疫情对生活的影响与启示洞察报告 ［R/OL］. https：//www. questmobile. com. cn/research/report‐new/87.

多方位的拓展，也给广告市场提供了更多发展契机。

（万人）

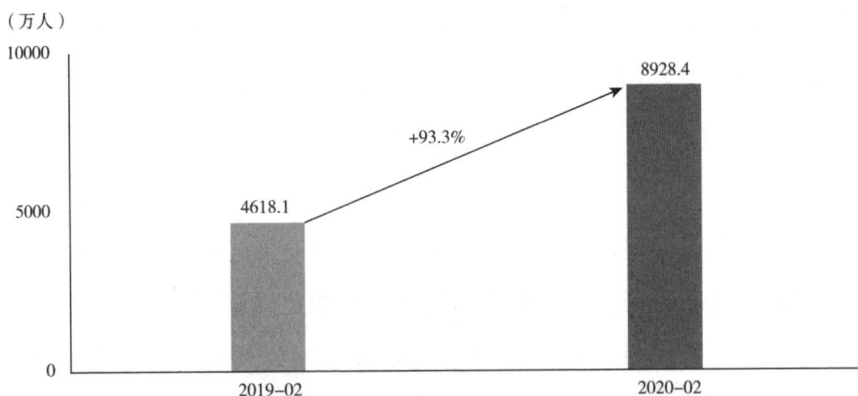

图 2 - 4　运动健身 App 行业月活跃用户规模①

（数据来源：QuestMobile TRUTH 中国互联网数据库，2020 年 2 月）

　　其次，用户需求的多元同时也促进了营销方式的多样化。广告营销的实质是信息传递的高精准、高效率以及高效能性。今年广告主虽然缩减了营销预算，但是提升了广告内容丰富性以及精细化，以此促进目标用户的转化效率。上半年用户的消费习惯从线下转移到线上，这也将广告的营销重点放在了线上平台，以综艺 + 直播合作为例，这种跨界营销形式实现了流量叠加和提升品牌变现的机会，通过综艺的自带流量、明星流量和直播的技术支持，与 KOL 红人、电商平台、短视频平台、冠名品牌商合作，实现直播带货转化率的平稳增长。未来广告营销市场的增长点将更加注重媒介多元化的内容跨界以及实现品牌与消费者情感共鸣的产品跨界。

　　2. 新世代消费者更具发展潜力

　　在疫情发生后，广告主纷纷缩减预算开支，同时开启数字化营销进

---

① Quest Mobile 研究院 . 2020 年新冠疫情对生活的影响与启示洞察报告［R/OL］. https://www.questmobile.com.cn/research/report - new/87.

程，将营销场景从线下转移到线上。中关村互动营销实验室数据显示，2020 年视频平台广告增速最快，相较 2019 年的 547.88 亿元增长了 64.91%，达 903.51 亿元。其中短视频广告最为抢眼，增幅达 106%，远超长视频广告 25% 的增幅。视频内容所创造的流量场域开辟了新的争夺市场，内容成为广告营销的核心变量，改变了产品营销推广的时间成本以及整体预算格局。例如，短视频广告具备时间短、传达信息密集、平台简洁轻便等优点，能够以用户平时使用媒体的方式来推送信息，将广告与内容本身进行深度融合，可以大幅度降低用户在接受过程中的突兀感。易观数据显示，新世代视频用户目前已超 2 亿人，是最具发展潜力的用户人群，目前超半数新世代视频用户每天观看视频时长超过 1 小时，并且超六成新世代用户有过会员订阅的付费行为，而订阅会员对未来会员提价的敏感度更低。[①]

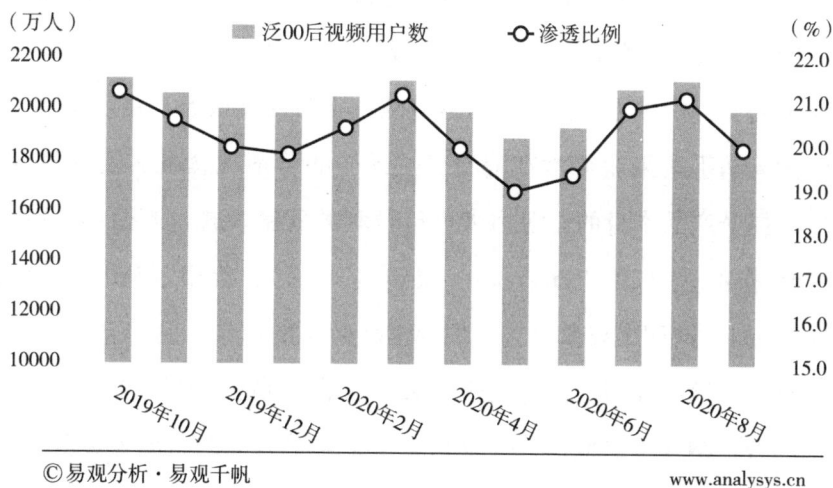

◎ 易观分析·易观千帆　　　　　　　　　www.analysys.cn

图 2 - 5　2019 年 10 月—2020 年 9 月新世代视频用户变化情况[9]

① 易观分析. 2020 年中国新世代用户视频消费行为洞察［R/OL］. https://www.analysys. cn/article/detail/20020040.

（三）产业发展阶段与互联网营销

传统媒体时代，广告只能实现"广而告之"的功能和作用，而无法实现前期以及后续一系列的服务、售后过程。但是随着技术的发展，广告公司的运营模式以及价值建构的范畴正在不断外延，虽然"广告"还有很强的传播属性，但是这种特征正在与"营销服务业态"融合发展，传统概念中的"广告"正在往更大的范围上渗透，在数字经济时代已经成为"营销"传播过程中的一种从属手段。而从营销模式的发展历程来看，其已经经历了以产品为中心、以用户为中心以及以关系为中心的三个阶段营销模式，① 而在大数据、算法以及人工智能等技术的加持下，营销模式正在不断朝着以技术为基础的用户共享方向演进。

1. 单面提效：以产品为中心的营销模式

中国接入互联网的第一个十年，也就是 21 世纪初期的门户网站时代，网易、搜狐、腾讯以及新浪四分天下，一改传统媒体时代纸媒独占鳌头的局面，广告方首次将广告内容从线下转移到线上，并且开始采用系统的营销手段来获得潜在消费者。最初的营销理念是从企业角度出发，以提升产品本身的竞争力来进行盈利的营销模式，遵循 4P 营销模型，4P 指的是产品（Product）、渠道（Place）、价格（Price）、促销（Promotion）这四个要素组合，倡导提高产品的质量、制定合理的价格并进行多渠道的促销从而为企业带来较丰厚的利润，但是这个模型并没有把消费者纳入考虑范围，仅仅只是从企业单方面的角度来提升效率。后来市场根据实际情况对营销模式做出了调整，进一步提出 6P 理论，即产品、定价、促销、销售渠道、权利和公共关系，慢慢地又有学者在

---

① 毛丽杰，罗盈铄．营销模式国内外文献综述［J］．现代营销（学苑版），2011
（10）．

6P 的基础上提出了 10P 理论，包括了市场研究、市场细分、优先目标市场以及市场定位这几个要素，每一个新的要素提出都是营销模型不断发展进步的表征，也是以产品为中心的营销模式纵向发展的阶段，但是从根本上看，这个阶段的营销模式还是以"物"为核心，并没有把消费者的需求当作主要的考虑要素。

2. 流量为王：以用户为中心的营销模式

随着经济社会的进步，消费者的需求也在随之改变，缺乏创新点的产品对于用户来说已经失去了吸引力。在新的市场环境之下，营销传播的目的不仅仅放在产品的升级和改造上，还开始注重以"人"为中心的多维度、高价值的协同互动创新。在 4P 模式难以适应市场发展之后，罗伯特·劳特朋提出了 4C 理论，包括消费者（Customer）、成本（Cost）、便利（Convenience）和沟通（Communication），首次将营销的重点从产品转向了用户，该理论强调广告方应该将消费者满意度放在第一位，尽最大努力降低消费者的购买成本，并且提供方便消费者购买的有效渠道，及时与消费者进行沟通，促进从"种草"到购买的消费闭环。在这个阶段，营销理念的重心已经从产品向用户演进，也就是说，产品本身的竞争力依旧重要，但是已经不再是主要的决定性因素，相反的是，从消费者的角度出发，为其提供满意的产品与服务成为市场竞争的新晋要素。这个阶段产品推广效果的重要衡量指标就是流量和点击率，网民的基数决定了广告方的盈利水平，充分体现互联网的注意力经济特征。

3. 统筹兼顾：以技术为基础、关系为核心的营销模式

技术的发展为营销活动提供了更加便利的基础，也让营销市场慢慢走向成熟，在这个阶段，居民消费水平越来越高，用户消费需求也越来越多元化，在此基础上，美国学者舒尔茨进一步提出了 4R 理论，是以

关系为核心，包括关联（Relevancy）、反应（Reaction）、关系（Relationship）以及报酬（Reward），强调广告方与用户建立长期互动的关系，促进双方走向共赢。例如去年疫情发生后的下半年，低迷的市场环境让广告主降低了投放费用，同时也给互联网广告市场敲响了警钟：人口红利消退，对于行业来说，流量已经无法维持高速增长，流量广告模式也无法包打一切。在下半场的竞争中，通过精准推送实现的营销转化率以及流量背后的用户才是广告市场争夺的重点。以拥有庞大流量池以及用户出点的腾讯为例，疫情过后的腾讯重新调整了广告营销服务线（AMS），告别了流量售卖模式，打通了流量以及交易场景的通道，为品牌方提供更加高效精准的营销解决方案。腾讯广告和腾讯智慧零售负责人曾表示："以对消费者的洞察为起点，来重新设计产品，乃至重构整个商业模式，是当下这个以用户价值为中心的时代企业的首要任务。"

二、2020 新经济发展与互联网营销

（一）后疫情时代互联网营销发展的支撑体系

自新冠肺炎疫情发生以来，我国经济发展在遭受巨大冲击的同时，也迎来转变其内在动力的特殊契机。在疫情影响下，以现代信息技术为驱动力、以数字化知识与信息为基本要素、以新兴技术与实体经济的融合为作用路径催生的新经济得到快速发展，一系列新业态与新产业随之出现，并在后疫情时代迸发强大的经济活力，成为国家经济发展的重要动能。为促进新经济的发展，政府推出了一系列加快新型基础设施建设、培育数据要素、优化人力资本结构的经济政策，这些政策在促进信

息技术创新和数字经济发展的同时，也为互联网营销的发展提供了坚实保障和广阔空间。

1. 新型基础设施建设是基础保障

2020年，新冠肺炎疫情的全球大流行，对我国的经济发展造成巨大冲击，同时也为经济发展内在动力的转变带来特殊契机。2016年，我国政府工作报告中首次明确提出要加快发展新经济，让"新经济"形成新的"S形曲线"，带动起中国经济新动能。疫情催生新经济发展模式，加快了我国新经济的发展脚步。

在疫情突发阶段，5G、云计算、人工智能等新一代信息技术在疫情防控、复工复产等方面发挥了重要作用。广大民众线上消费、远程办公、居家学习等需求的大幅增加，拉动了对大数据、云计算、人工智能等新兴技术的更高需求，加速了新一代信息技术在经济活动中的创新集成应用。在此基础上，信息技术也开始呈现出由单点应用向协同迭代演进的特征，5G、人工智能、物联网等整体迭代的融合应用使得现代信息技术成为后疫情时代新经济发展的核心驱动力。

居民消费的需求增长也在倒逼各产业的数字化转型，并由此推动了直播电商、社交零售等新业态与新商业模式的迅速发展。2020年上半年，全球有超过100家汽车品牌工厂停工停产、超过2000家经销商退出经营，但经销商已经将线上直播常态化，这正是疫情催生出的新业态。①

面对疫情影响下新技术、新产业、新业态的快速发展，新型基础设施建设（简称"新基建"）成为点亮中国后疫情时代新经济发展的重要抓

---

① 中国汽车流通协会.2020上半年汽车市场与用户洞察报告［R/OL］. https：//www. sohu. com/a/406777956_ 288562.

手。2018 年底召开的中央经济工作会议明确提出，加快 5G 商用步伐，加强人工智能、工业互联网、物联网等新型基础设施建设，主要包括信息基础设施、融合基础设施、创新基础设施三个方面，此后，"新基建"在政府工作报告和会议中被多次提及。前瞻产业研究院数据显示，2020 年我国在工业互联网、大数据中心、5G、人工智能等新基建重点领域投资规模约达 1 万亿元，其中大数据中心、5G 基础设施、工业互联网、人工智能等投资规模分别约占 52%、27%、11%、10%。① 后疫情时代，新基建不仅为稳投资保就业提供支撑，而且能促进新兴技术的发展，为新业态的发展奠定基础，打造中国经济新的增长点。新基建的作用受到政府重视，国家发展改革委于 2021 年初表示，2021 年要推进"十四五"重大工程项目建设，加大新型基础设施投资力度。

互联网营销以互联网及相关技术设施为基础平台。随着新基建在 5G、工业互联网、人工智能等领域的发展，整个社会的经济结构、运作模式、价值逻辑等都将发生深刻改变。前瞻产业研究院预测，数据中心投资规模方面，2020—2022 年总投资将达到 1.5 万亿元左右；工业互联网投资方面，2020—2025 年累计投资将达到 6500 亿元左右；5G 基础设施建设方面，2019—2026 年累计投资将会超过 2.6 万亿元；未来三年，人工智能的投资规模都会超过千亿元。这不仅为互联网营销生态的换轨发展提供新的动力，而且为互联网营销生态的重塑提供了坚实的技术与平台基础。

2. 数据要素扩充市场空间

中国信通院发布的《中国数字经济发展白皮书（2021 年）》显示，

---

① 前瞻产业研究院.2021 年中国新基建行业投资规模及发展前景［R/OL］.https：//www.sohu.com/a/451555490_ 100014972.

2020 年，我国数字经济规模由 2005 年的 2.6 万亿元扩张到 39.2 万亿元，占 GDP 比重提升至 38.6%，且保持 9.7% 的高位增长。数字经济已然成为推动国民经济持续稳定增长的关键动力。①

（万亿元）

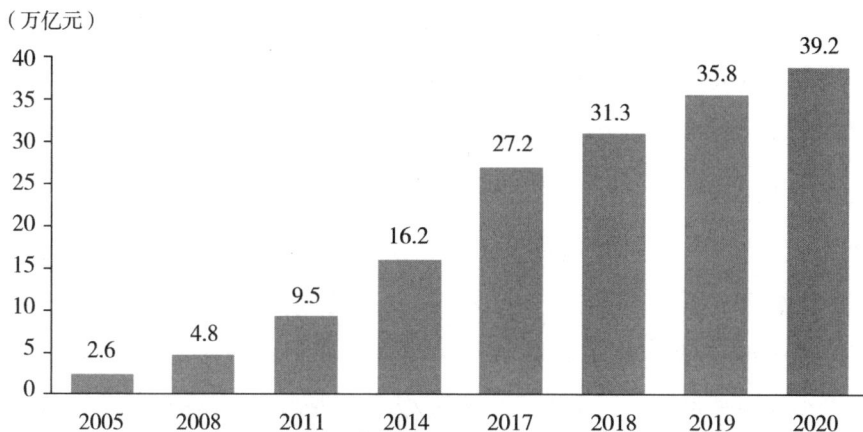

图 2 - 6　2005—2020 年我国数字经济规模②

目前，云上办公、数字娱乐等新业态形成了较为稳定的产业链，吸引大量新增用户，为我国新经济发展提供了新需求，也为产业数字化转型进程提速提供了新空间。经过此次疫情，数字经济消费供给端用户触达能力、技术支撑能力和资源整合能力都将得到进一步提升，消费者获得更强大的数字经济消费供给能力，同时降低了数字经济消费成本，消费习惯逐渐养成。在后疫情时代，经历疫情磨砺的电商、出行 OTA 各环节协同和响应能力提升，线上协同办公、远程诊疗、网络教育模式将更成熟，有望成为传统线下模式的重要补充力量，利好数字经济未来

---

① 中国信息通信研究院．中国数字经济发展白皮书（2021 年）［R/OL］．http：//www. caict. ac. cn/kxyj/qwfb/bps/202104/P020210424737615413306. pdf.

② 中国信息通信研究院．中国数字经济发展白皮书（2021 年）［R/OL］．http：//www. caict. ac. cn/kxyj/qwfb/bps/202104/P020210424737615413306. pdf.

发展。

随着近年来数字经济的快速发展，数字化的知识与信息成为与其相适应的关键生产要素。党的十九届四中全会审议通过的《中共中央关于坚持和完善中国特色社会主义制度、推进国家治理体系和治理能力现代化若干重大问题的决定》首次将数据增列为与土地、劳动力、资本、技术并列的生产要素。疫情影响下，数字经济得到新发展，数据在推动经济效率提高、催生新型产品和服务供给、引导消费扩容提质、带动经济增长方面，发挥出越来越重要的作用，数据的生产要素特征日益显现。2020年4月，中共中央、国务院发布的《关于构建更加完善的要素市场化配置体制机制的意见》中强调，要加快培育数据要素市场，进一步明确数据生产、聚合、占有、使用等过程中的产权归属，破解数据交易过程中的定价难点，着力推动数据的流通共享。

数据要素市场的培育无疑将加快我国数字化转型，助力数字经济的持续发展。根据国家统计局发布的数据，2020年1—11月，全国移动互联网累计流量达1495.0亿GB，同比增长35.1%，规模以上互联网和相关服务、软件和信息技术服务业企业营业收入同比分别增长20.7%和15.7%[1]。2020年线上购物、直播带货、网上外卖等新消费模式强势增长，实物商品网上零售额比上年增长14.8%，高于社会消费品零售总额增速18.7个百分点，占社会消费品零售总额的比重为24.9%。随着数字经济的发展，消费者将逐渐养成数字消费习惯，扩大数字消费需求，这将带动互联网营销领域市场的扩大，为互联网营销提供更广阔的发展空间。

---

[1] http：//www.stats.gov.cn/tjsj/zxfb/202101/t20210119_ 1812584.html.

3. 人力资本结构优化奠定人才储备

在以新一代信息技术为代表的科技革命加速演进背景下，5G 网络、人工智能、云计算等新兴技术应用的产业化直接催生出了新产业，推动了战略性新兴产业本身的培育与壮大。与此同时，数字化、智能化等技术与传统制造业、服务业的融合迭代，将开发新业态与商业运行模式，促进传统产业的转型升级。新冠肺炎疫情的冲击进一步加深了新兴技术与实体经济的融合应用。疫情影响下增长迅速的工业互联网正是信息技术与工业经济交互融合的产物，它可以有效克服时间空间的物理约束，将大数据采集分析、智能生产流程管理等充分渗透到企业生产管理的全周期、全过程，从而助推传统产业转型升级，并带动相关产业新动能发展。

但是，新兴技术与传统产业的深度融合给传统生产方式和劳动力供需结构带来了颠覆性的变化，比如人工智能可以替代部分重复性劳动和编码工作。与此同时，新经济的发展也催生出多种新岗位与新职业。2020 年 7 月 6 日，人社部联合国家市场监管总局、国家统计局公布了区块链工程技术人员、区块链应用操作员、互联网营销师、在线学习服务师、直播销售员等多个与新经济紧密相关的新岗位与新工种。2020 年 7 月，国家发展改革委等 13 部门联合发布的《关于支持新业态新模式健康发展激活消费市场带动扩大就业的意见》中也强调，要支持新业态新模式健康发展，支持微商电商、网络直播等多样化的自主就业、分时就业。

在相关政策支持下，后疫情时代调整优化与新经济发展相适应的人力资本结构势在必行。为了适应新经济快速发展的人力资本需求，必然要调整教育体系和人才培养方案，使教育与劳动力市场在数量、结构和质量上更好的匹配。随着互联网产业的不断发展与人才需求的增加，越来越多掌握互联网行业与新兴技术知识的人才将投身互联网营销等行业，互联网营销从业者的数量与质量都将不断提升，成为互联网营销发展的一大助力。

（二）新经济时代互联网营销的典型特征

近年来，随着互联网、大数据、人工智能等新经济形态的快速发展，世界经济体系开始由传统经济占主导逐渐向新经济占主导转变。依据国内外关于新经济的内涵界定，有学者认为，"新经济"是一种在新一代信息技术、新工业革命背景下，以现代信息技术广泛应用为基础，以技术创新及其应用为内核的新型经济形态，是创新经济、科技经济、知识经济、服务经济、数字经济、平台经济的综合体现。[①] 新经济与传统经济的最大区别就是，新经济以信息和数据为基本要素，以网络为平台，实现了所有人所有物的互联互动互通。新经济时代的特征是完成了从技术、模式到思维的变革与创新。其中技术升级是底层逻辑，推动中层的管理模式创新，最后实现社会政治、经济、文化的重构，引起时代思维的转变。

随着技术与商业模式的创新，在互联网提供更细致的连接之后，工作与生活方式的思维也发生了缓慢而显著的变化。互联网塑造的全新虚拟世界创造了新的连接与协同机制，重构了社会的政治、经济和文化的方方面面，打破了虚拟世界与真实世界的区隔。在这种全新样态下，过去的传统思维面临挑战，全新的以"连接、共享、协同"为核心的思维被提出并应用于各行各业。在新经济时代动荡的环境中，非理性因素在与理性因素的博弈中占据上风，对商业决策产生重要影响，也使得互

---

① 任保平.中国特色社会主义政治经济学如何迎接新经济时代的挑战？［J］.天津社会科学，2020（01）.

联网营销呈现出新的特点。

1. 从公域流量到私域流量：品牌营销重心的转变

在互联网发展的下半场，上半场跑马圈地式的流量红利已经消失殆尽，积极扩大私域流量成为品牌营销的重中之重。"私域流量"是一个相对于"公域流量"的新概念，指的是基于信任关系的封闭性平台上的流量池。互联网平台所提供的流量是公域流量，自媒体等各种社群所提供的流量是私域流量。公域流量只能满足一次性短期的变现从而收割流量，具有随机性的特点。而私域流量则具有重复使用、可控性强、精准触达、可持续运营挖掘长期价值的特点。从流程来看，私域流量运营已经形成了从流量获取、流量沉淀、流量运营到交易转化、分享裂变、复购达成的典型路径。当下互联网环境流量增速放缓，平台获客成本提高，引起商家的流量焦虑，因此商家营销重心从获取公域流量转向留存私域流量上。

以往的品牌营销主要是通过效果广告渠道、内容营销渠道和其他渠道来完成，现在则是在公域流量基础上将其转化为私域流量，通过用户社群、社交媒体以及品牌搭建的服务渠道实现的。品牌搭建的服务渠道如小程序、App、直播间等，这些渠道往往能够激活存量，促进流量转化。数据显示，2019—2020 年用户对小程序接受程度逐步加深，人均使用小程序个数加速提升，如图 2－7 所示。① 这个过程可以概括为两个部分，即流量引入和流量运营闭环。流量引入是指运用多种手段从公域流量池中引入流量。之后再通过流量激活、流量运营、交易转化、分享裂变到复购达成流量闭环。对于品牌方来说，私域流量形成了他们忠

① QuestMobile 研究院. QuestMobile2020 全景生态流量秋季大报 ［R/OL］. https：//www. questmobile. com. cn/research/report－new/134.

实稳定的用户群体，但用户也并非一成不变的，商家仍然需要通过多种手段保证流量的留存。目前，许多品牌方通过运营私域流量获得了可观的效益，通过小程序内容、社群促销活动预告、直播带货等流量转化和闭环运营手段实现新营销。

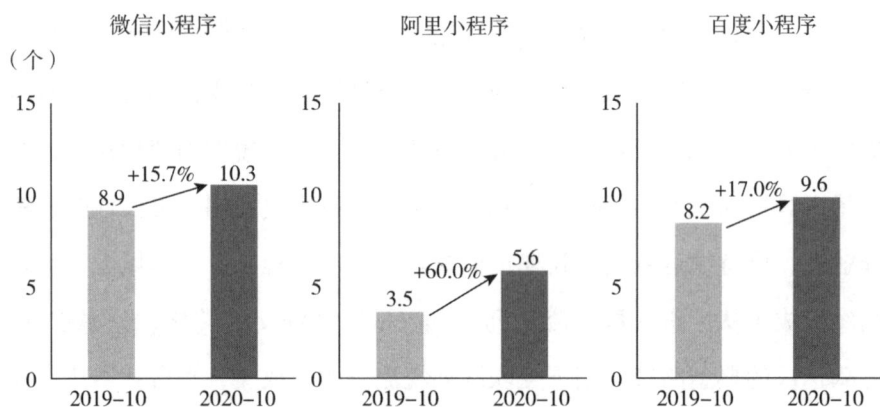

微信小程序　　　　　　　阿里小程序　　　　　　　百度小程序

（个）

图 2-7　BAT 小程序平台月人均使用小程序个数

2. "人—货—场" 的重构与资本加持：直播电商走向下半场

直播电商是一种通过互联网平台，使用直播技术进行近距离商品展示、咨询答复、导购的新型服务方式，或由店铺自己开设直播间，或由职业主播集合进行推介。直播电商出现于 2016 年，2019 年迎来爆发，根据艾瑞咨询报告，2019 年直播电商整体成交额达到 4512.9 亿元，同比增长 200.4%。① 目前，直播电商井喷式的爆发以及头部资本垄断的上半场即将结束，行业整顿洗牌、市场监管的增强与利益的重新分配标志着直播电商走向下半场；而下半场则需要重构 "人—货—场" 的要素，提升供需链路的转化效率，寻求资本加持。

① 艾瑞咨询.2020 年中国直播电商生态研究报告 ［R/OL］.https：//www.ire search.com.cn/Detail/report？id=3606&isfree=0

其一，重构"人—货—场"中的"人"指的是，扩大主播比例，减少头部主播的马太效应，扩大腰部、尾部主播的带货效益。数据显示，淘宝直播前20%的机构占据机构大盘75%的流量，[①] 顶流主播对产品价格和佣金分成的决定权更高。腰部主播是指在垂直领域的专业性和影响力强的群体，下半场平台资源开始向垂类主播为代表的腰部主播倾斜，如淘宝2020年宣布在未来一年投入500万元，重点扶持中小主播，目标培养10万名中小主播。中小主播的发展路径是平台扶持以及细分化和专业化，平台通过流量包、任务激励、现金补贴、标准化培养体系等措施来培养主播，细分化与专业化是指加强腰部主播的垂直类竞争优势。其二，"货"指的是直播货品的多元化，增加一些新品类，如家居、图书音像、汽车、本地生活等。其三，"场"指的是直播场景应打破直播间的定式，开启新的场景，通过实景刺激消费者的欲望，如工厂、原产地、直销地、专柜等都可以作为直播的场景。

除此之外，直播电商寻求资本支持的MCN模式更加成熟，MCN处于产业链的中游，上游对接内容方，下游对接平台方，包括社交平台、资讯平台、短视频平台、垂直平台、电商平台和直播平台，其盈利点在于内容付费、广告费和流量传导。MCN在供应链的招商、选品、品控方面的能力使其可以有效提高平台方的交易匹配效率。

3. 受众细分与垂类竞争：圈层营销成新常态

互联网上的用户并非孤立的，而是以圈层化的形式出现的，用户通过强连接和弱连接，在过去地缘、血缘的基础上叠加了趣缘关系，

---

① 艾瑞咨询. 2020 年中国直播电商生态研究报告［R/OL］. https：//www. ire search. com. cn/Detail/report？id＝3606&isfree＝0

形成多个小圈子，这些圈子并非孤立的，而是保持着彼此的连接。这些样态给予营销的启示就是细分受众，加强垂类产品竞争，实现圈层营销。

受众细分意味着通过大数据对消费者进行调查，将品牌目标人群分层，随后通过内容营销、社群营销、效果广告的营销方式实现收益转化和品牌的数字化增长。在消费者细分方面，针对不同类型的消费者制定具体化的营销策略保证效益。针对不同群体如Z世代、下沉市场、银发人群等需有不同的策略，针对不同网络小众兴趣社群如二次元、国潮、嘻哈、电竞、运动、潮玩等实现长尾营销。易观数据显示，Z世代深度视频用户占比过半，Z世代快手App的用户人均单日使用超100分钟，[1]很多国货品牌就抓住Z世代使用视频的这一特质，运用短视频和直播带货持续吸睛，主打"国风"实现产品破圈。

下沉营销也成为2020年营销的关键词，接地气营销和土味营销吸引人的注意力，如快手App推出的《在快手点赞可爱中国》的广告片和哔哩哔哩《说唱新世代》的宣传片，触达了一线到五线城市，其中二、三、四线城市占比最高。[2]

---

[1] 易观分析.2020年中国新世代用户视频消费行为洞察［R/OL］.https：//qianfan. analysys. cn/refine/view/analyseDetail/analyseDetail. html？id＝226.

[2] QuestMobile 研究院.QuestMobile2020 爆款营销事件盘点［R/OL］.https：//www. questmobile. com. cn/research/report－new/139.

（分钟）

103.1	快手	爱奇艺	89.6
88.5	哔哩哔哩	西瓜视频	84.2
83.4	抖音	快手极速版	78.1
70.6	优酷视频	腾讯视频	67.5
61.1	芒果TV	抖音火山版	54.1

© 易观分析·易观千帆   www.analysys.cn

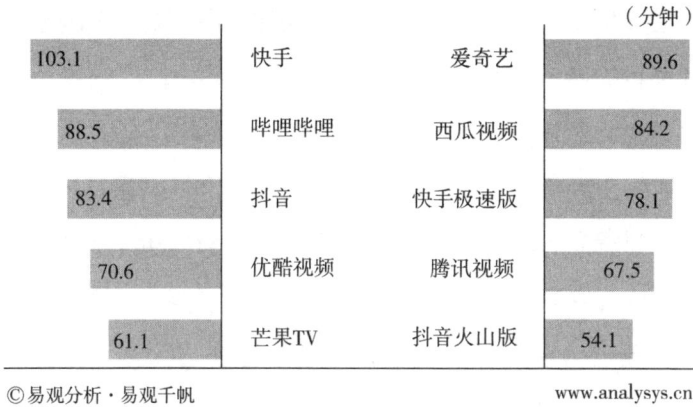

图 2-8 TOP10 视频应用 Z 世代用户人均单日使用时长[20]

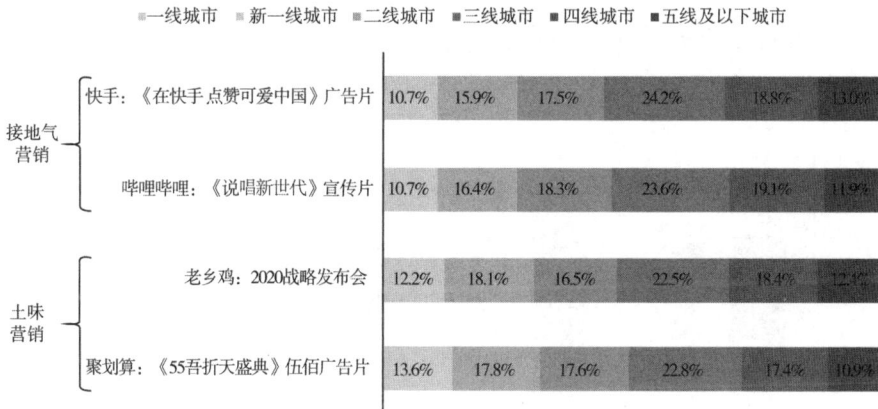

■一线城市 ■新一线城市 ■二线城市 ■三线城市 ■四线城市 ■五线及以下城市

接地气营销

| | 快手：《在快手·点赞可爱中国》广告片 | 10.7% | 15.9% | 17.5% | 24.2% | 18.8% | 13.0% |
| | 哔哩哔哩：《说唱新世代》宣传片 | 10.7% | 16.4% | 18.3% | 23.6% | 19.1% | 11.9% |

土味营销

| | 老乡鸡：2020战略发布会 | 12.2% | 18.1% | 16.5% | 22.5% | 18.4% | 12.4% |
| | 聚划算：《55吾折天盛典》伍佰广告片 | 13.6% | 17.8% | 17.6% | 22.8% | 17.4% | 10.9% |

注：选取2020年广告创意针对下沉市场的营销事件，并根据下沉城市等级占比降序排列

图 2-9 2020 年典型下沉营销事件触达人群城市等级分布[21]

（数据来源：QuestMobile GROWTH 用户画像标签数据库，2020 年 12 月）

（三）新经济时代互联网营销的行业新增量

2020 年，全球贸易呈现了先抑后扬的典型趋势，上半年中美贸易摩擦持续升级，中国经济发展下行压力增大；下半年，区域全面经济伙

伴关系协定（RCEP）、中欧全面投资协议的新进展为中国移动互联网的发展带来新的转机。2020年新冠肺炎疫情突袭，国内经济在一季度负增长后实现快速恢复，年度GDP总量突破100万亿元人民币，数字经济的发展成为经济增长的有力环节。此外，女性消费的崛起、银发经济的到来、国货品牌的新营销、小微广告主的新力量、小程序的全景布局，都逐渐成为互联网营销的主战场。

1. 女性消费大规模扩张，"她经济"持续发展

QuestMobile数据显示，截至2021年3月，中国移动互联网女性用户规模已达5.47亿，呈现出新的崛起模式。其中，24岁及以下女性用户月度使用互联网的时长突出，已经超过170小时，月人均使用App超过32个。① 女性用户根据所处不同的人生阶段，也呈现出不同的消费特点。

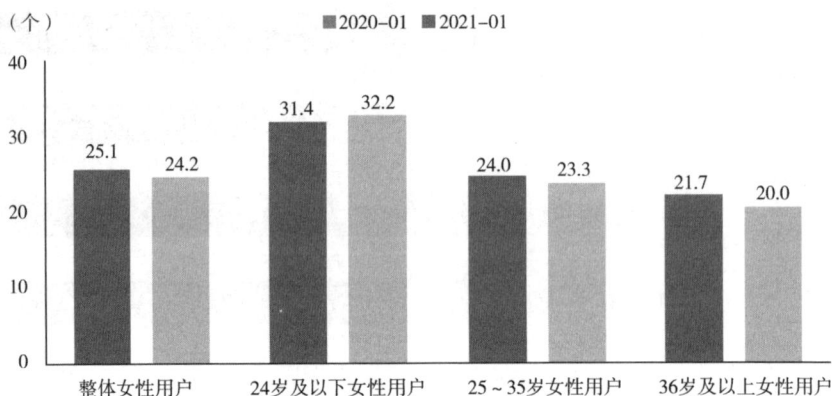

（个）　■2020-01　■2021-01

	整体女性用户	24岁及以下女性用户	25~35岁女性用户	36岁及以上女性用户
2020-01	25.1	31.4	24.0	21.7
2021-01	24.2	32.2	23.3	20.0

图 2-10　女性用户月人均使用 App 个数

与此同时，受疫情影响，以及直播带货等形式的助推，女性逛街、购物方面的兴趣随着数字经济的进一步发展而提升，2021年1月，女

① QuestMobile研究院. QuestMobile 2021"她经济"洞察报告［R/OL］. https：//www. questmobile. com. cn/research/report - new/145.

性用户在综合电商领域渗透率已达 84.3%，相比去年同期提升了6.1%；支付、网上银行分别提升了 4.5%、7.1%。同时，针对不同年龄段偏爱，特色电商平台、潮流品牌开始差异化竞争，效果已然显现，例如，在年轻女性消费者带动下，国潮美妆品牌持续崛起，如完美日记、花西子等国货品牌进入 24 岁及以下女性用户美妆品牌关注度前三位。年轻的女性用户将注意力和消费集中在美妆、服装等时尚层面，重视自身美丽；孕龄女性将注意力偏向母婴、健康、资讯，重视与生活息息相关的消费层面。由于疫情的冲击，女性消费群体加速线上化购物，直播、短视频等新的带货形式加速吸引了女性的主体消费。

中航证券认为，"她经济"的相关细分领域包括三类。一是"她文化"，与女性相关的影视产业和文化综艺相对来说更受欢迎，如 2020 年综艺节目《乘风破浪的姐姐》收视率一度高涨。二是"她消费"，包括二次元和国风消费等。据统计，95 后对 Cosplay 的品类贡献近四成的销售额，其中"萌妹子"买了近七成的相关产品。三是"她营销"，女性作为社交营销和直播电商的主要受众和影响群体，未来依旧会处于迅速渗透的趋势。"她经济"涵盖了美妆、服装、食品、旅游、健身、游戏等全方位的消费，未来将会成为互联网营销细分行业的主战场。

2. 国货品牌崛起：互联网营销投放增长显著

2020 年，互联网营销实现了质的飞跃，与此同时，国货品牌迎来了新的发展机遇，国货品牌注重互联网营销，在美妆、电子、食品等行业的互联网广告投放同比增长显著。

截至 2020 年 6 月，天猫线上国货品牌数量已经是 2018 年的两倍。2018—2020 年，以天猫为例，线上国货品牌累计增长 10 万余个，增速远超国外品牌，国货品牌在线上市场占有率超七成。京东大数据显示，与国际品牌同比增幅对比，2020 年中国品牌的成交额增幅高出 6%，品牌数量增幅高出 5%，用户数增幅高出 18%。在消费者品牌搜索热点前十中，"国品"占据了 7 席。华为、小米、茅台、OPPO、vivo、荣耀、格力、李宁、五粮液等品牌最受关注。根据苏宁易购发布的《2020 国货消费趋势报告》数据，2020 年直播间购买和社群推荐购买成为国货消费两大新增长点。其中，直播间国货消费增长 126.3%，社群消费推荐增长 147.2%。国货借助互联网的东风，实现在新媒体平台的目标用户的聚拢和消费转化。天猫发布的《新国货之城报告》显示，上海成为"新国货消费之城"，占全国近 1/6 的新锐品牌销售规模，例如拉面说、小奥汀等新国货品牌都来自上海；除此之外，广州成为国货美妆的发祥地，包括完美日记、HFP 等。与此同时，国货在三、四线城市消费增长高达 45.8%，超过一、二线城市一倍之多。

在各个行业中，国货品牌中的食品饮品品牌投放领先其他行业，伊利、蒙牛等国产品牌 2020 年广告投放费用超过 40 亿元。在品牌价值上，以美妆行业为例，由于互联网营销手段的创新和互联网广告费用投入的持续加大，以完美日记、花西子为代表的国货美妆品牌的关注度，已经超越兰蔻等国际美妆大牌。在用户的消费行为层面，用户对生鲜、家居、百货等行业中的国货品牌购买意愿更高，国货的知名度和认可度也逐渐提升，国货的互联网营销广告投放逐渐增大，迎来了新的发展机会。

新国货之城榜单　　　　　　　数据来源　CBNData消费大数据

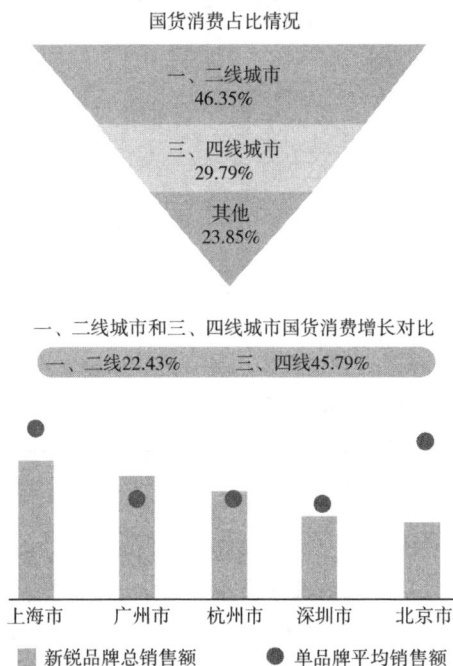

国货消费占比情况

一、二线城市
46.35%

三、四线城市
29.79%

其他
23.85%

一、二线城市和三、四线城市国货消费增长对比

一、二线22.43%　　　三、四线45.79%

上海市　　广州市　　杭州市　　深圳市　　北京市

■ 新锐品牌总销售额　　● 单品牌平均销售额

图 2-11　新国货之城榜单①

3. 小程序成为重要流量入口

2020年，流量红利呈现饱和趋势，深耕和拓展流量渠道成为企业发展的重要环节。根据《QuestMobile 2020 中国移动互联网年度大报告》，拼多多、微博、快手等一些典型互联网公司的小程序流量规模占比逐渐增大，由此可见，除 App 外，小程序已成为多个应用重要流量

---

① CBNData. 2020 新国货之城报告［R/OL］. https：//cbndata. com/report/2420/detail? isReading = report&page = 1.

入口。① 2021 年 1 月，微信拥有 9.84 亿用户、支付宝拥有 7.70 亿用户、百度拥有 5.56 亿用户，其对应小程序数量分别超过了 300 万、200 万和 40 万。与此同时，生活服务、移动购物、移动视频等领域在全平台上展开小程序流量布局。微信小程序商业化服务生态逐渐建立，移动购物领域借势发展；支付宝小程序聚焦于生活服务平台，成为数字生活的小程序新入口、新增量。百度智能小程序发挥搜索引擎的巨大作用，形成"搜索+信息流"的小程序规模，实现移动购物、数字阅读、移动视频等更多服务场景的覆盖。

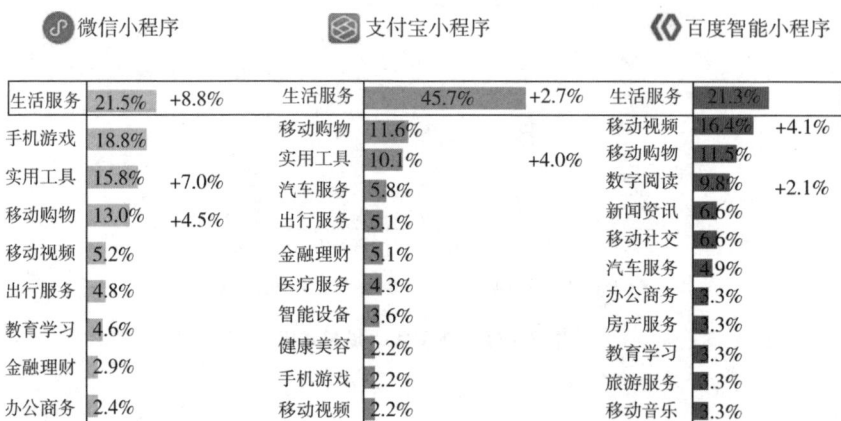

微信小程序			支付宝小程序			百度智能小程序		
生活服务	21.5%	+8.8%	生活服务	45.7%	+2.7%	生活服务	21.3%	
手机游戏	18.8%		移动购物	11.6%		移动视频	16.4%	+4.1%
实用工具	15.8%	+7.0%	实用工具	10.1%	+4.0%	移动购物	11.5%	
移动购物	13.0%	+4.5%	汽车服务	5.8%		数字阅读	9.8%	+2.1%
移动视频	5.2%		出行服务	5.1%		新闻资讯	6.6%	
出行服务	4.8%		金融理财	5.1%		移动社交	6.6%	
教育学习	4.6%		医疗服务	4.3%		汽车服务	4.9%	
金融理财	2.9%		智能设备	3.6%		办公商务	3.3%	
办公商务	2.4%		健康美容	2.2%		房产服务	3.3%	
			手机游戏	2.2%		教育学习	3.3%	
			移动视频	2.2%		旅游服务	3.3%	
						移动音乐	3.3%	

图 2-12 2020 年 12 月典型平台月活跃用户数量
（MAU）>100 万的小程序行业分类占比[24]

随着小程序的逐步完成，形成了"线上+线下"的闭环模式，小程序在医疗健康、电商生鲜等板块实现流量覆盖，承担了实体经济在线上迅速布局流量的任务，构建了自由的流量生态；同时小程序直播市场

---

① QuestMobile 研究院. QuestMobile 2020 年中国移动互联网年度大报告·上［R/OL］. https：//www.questmobile.com.cn/research/report-new/142.

发展快速，成为品牌厂商的首选之地，小程序的成功引流，为下沉市场迎来了新的发展机会，实现了流量生态的循环。

4. 小微、新锐广告主成为互联网营销市场新生力量

得益于互联网经济红利的小微企业日渐繁荣，小微经济品牌化意识增强，与传统营销手段相比，小微企业的轻资产运营模式使得互联网营销成为其发展的重要手段。与此同时，各大互联网平台巨头的广告投放渠道下沉，小微企业轻松跨越传统广告投放的高门槛，享受下沉流量带来的红利。中关村互动营销实验室的数据显示，2020 年小微、新锐品牌广告主的广告投放增长了 50%，高于成熟品牌 5%。年度增幅超过 10% 的广告主中，小微、新锐广告主占 39%，成熟广告主则只有 28%。这意味着小微、新锐品牌成为广告市场的新增量。①

互联网广告的出现，大品牌客户和小微客户的地位发生历史性改变，打破了大品牌企业垄断广告市场的局面。由于门槛太高而不能在电视等传统媒体投广告的小微品牌，如今可以选择投放在今日头条、微信朋友圈、谷歌等大流量平台。如今的互联网营销平台出现了信息流广告、社交广告、展示广告、电视直播、短视频等多种广告形式和品类，人们可以在生活场景中直接接触到目标广告，加上这些广告形式拥有流量大、成本低、触达率高的特点，小微广告主将广告投向互联网营销平台，成为新的行业增量。

新经济时代，互联网营销迎来了新的机遇，随着技术赋能、政策支持、经济发展、贸易向好，互联网营销行业也迎来持续发展的红利期，随着互联网营销模式的不断创新，互联网营销服务呈现出多元化增长，

---

① 中关村互动营销实验室 . 2020 中国互联网广告数据报告 ［R/OL］. https：//mp. weixin. qq. com/s/TUod4NCeB8Gk_ 9uzkL – szQ.

为拉动实体经济增长走出了一条中国路径。

三、互联网营销的经济支持体系

（一）物流：运转效率提升进一步缩短商品转化链路

随着我国经济水平不断提高，物流产业的发展十分迅速，相关物流企业也快速崛起，5G 网络、人工智能、大数据、云计算、区块链等现代信息技术与物流设施融合，从销售物流向生产物流、采购物流全链条渗透，助力物流业务在线化和流程可视化，增强全链条协同管理能力，构建"数字驱动、协同共享"的智慧物流新生态。我国早期的物流活动主要集中于物的流通，而如今我国的现代化物流已经扩展到整个供应链的一体化和整体化管理。

近几年，政府越来越重视现代物流的建设，多次在政府工作报告中提到发展现代物流体系，2021 年政府工作报告中再次指出，继续发展现代物流体系、推动国际物流畅通。党的十九大报告提出，要加强物流基础设施网络建设，加大我国交通与物流基础设施投入，全面建设城市群、都市圈、城乡间、区域间、国内外物流网络，发展多层次、立体化、全覆盖的物流基础设施网络。现代化物流基础设施体系的完善为物流运转效率的提升提供条件。

目前，不少电商平台已布局物流业务，京东物流是其中的典型。京东物流以仓配网络基础能力、科技应用和一体化供应链服务新模式作为撬动市场的核心因素。在仓配网络上，京东物流不断增加仓库的数量和面积、增加自提柜和服务点的数量和覆盖地区，同时以 RDC（区域物流中心）＋FDC（前置仓）的方式在内部配置上进行革新，提升仓配效率，注重配送时效；在科技应用上，京东物流从仓库管理、运输管理、订单管理到路线规划、存货优化，均针对性地开发和上线了相关系统，以数字化、智能化的方式更加精准地进行资源配置。网络基础能力和科技应用成为京东物流一体化供应链服务模式的基石，使其有能力面向所有业态客户一站式地提供供应链解决方案。京东物流为智慧物流的未来发展进行了有益探索，也为自身电商平台的发展提供了助力。

在疫情期间，智慧物流显示了强大的物资调配能力和运转效率。以智慧冷链物流为例，疫情期间，冷鲜食品线上消费规模剧增，"无接触配送"在物流配送、电商等行业内迅速铺开和跟进，智慧冷链物流开始广泛进入大众视野，需求逐渐旺盛。智慧冷链物流在物流系统中采用物联网、大数据、云计算和人工智能等先进技术，使整个冷链物流系统运作如同在人的大脑指挥下实时收集并处理信息，做出最优决策、实现最优布局，冷链物流系统中各组成单元能实现高质量、高效率、低成本的分工、协同。

简单来说，智慧冷链物流本质即是货物从供应者向需求者的智能移动过程，通过对物流赋能，实现人与物、物与物之间物流信息交互，是高层次、高端化的新型物流形态。网经社发布的《2019 年度中国物流科技行业数据报告》数据显示，2019 年我国智慧物流交易规模达 4872 亿元，同比增长 19.55%。[①] 未来，随着物联网、人工智能等技术的发展，以及新经济发展下各行业对物流的更高要求，智慧物流的发展空间和市场规模将持续扩大，进而持续激发消费活力。

---

① 网经社电子商务研究中心（智库）.2019 年度中国物流科技行业数据报告［R/OL］. http://www.100ec.cn/detail - -6561657.html.

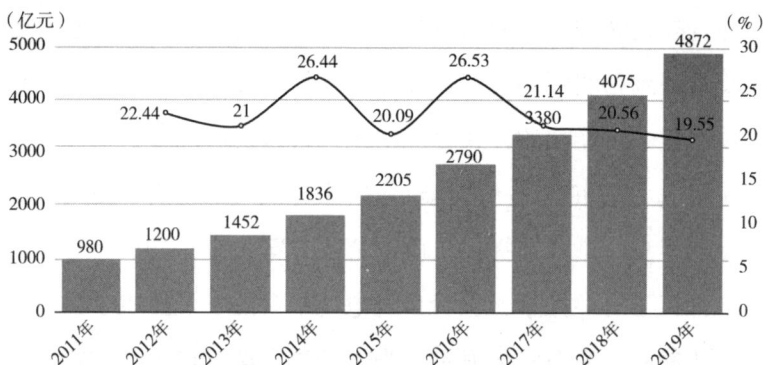

图 2 - 13　2011—2019 年中国智慧物流交易规模及增速情况[26]

　　得益于物流基础设施网络建设和数字化技术的运用，我国物流运转效率提升，商品转化链路缩短。根据中国物流与采购联合会公布的物流运行数据，2020 年我国社会物流总额超 300 万亿元，物流运行实现逆势回升、平稳增长，物流规模再上新台阶。[①] 国家邮政局中国快递大数据平台的实时监测数据显示，2020 年我国快递业务量突破 800 亿件，年支撑网上零售额超 10 万亿元。[②] 高效的物流运转有效促进了电子商务的发展，也为互联网营销的发展提供了支持。

　　1. 物流快速运转：助力商品及时配送，为供应链增速提效

　　现代营销学之父菲利普·科特勒认为，市场营销是个人和群体通过创造产品和价值，并同他人进行交换以获得所需所欲的一种社会及管理过程，其中强调了需求、产品、价值、交换等核心概念，也就是说，市场营销需要在适当的地点和时间，以适当的价格将适当的商品提供给目标市场，满足顾客的需要。而从物流的职能角度来讲，物流需要把正确

---

　　① http：//www.chinawuliu.com.cn/lhhzq/202102/23/541805.shtml.

　　② https：//baijiahao.baidu.com/s? id = 1686649527200504563&wfr = spider&for = pc.

的物品，在正确的时间，以正确的数量、方式、价格、质量，送到正确的地点，完成实体流动，满足客户的要求。因此，产品是否及时满足市场，与物流中各环节运作效率密不可分。随着现代物流趋于系统化、数字化、智慧化，物流管理水平得到了很大的改善。从企业或供应链整体效益出发，通过快速、准确的信息共享，制定优化调度方案，各环节之间衔接通畅，保证物流效率，有效降低货损货差率，提高了服务质量，缩短了商品转化链路，使商品价值快速实现，契合了市场营销的目的。同时，物流技术水平的突飞猛进也极大地增加了营销战略调整的灵活性，高效的物流活动可以快速适应企业采购、销售及供应的调整。

2. 大数据智能技术运用：助力企业用户画像，精准掌握市场情报

在目前的智慧物流体系中，数字化技术的运用已渗透到物流的各个环节，如通过 GPS 和 GIS 技术对集装箱车辆进行地理位置定位和最优路线调度、在一定区域内借助无人搬运车（AGV）和计算机控制系统等技术实现物品空间位置和存放状态的改变、利用数据智慧化处理快速准确地进行海量数据的自动采集和加工等。在智慧物流场景下，物流公司可以利用积累的物流数据，指导实际物流运输操作，一是判断不同区域物流量大小，结合人工智能相关规划技术，进行最优选址、路径优化、智能调度、智能配载等；二是通过手机用户消费特征、商家历史消费等大数据，再利用大数据算法预测需求、前置仓储与运输环节。这些用户数据除了能帮助物流行业更好地服务消费者之外，也可为企业的营销提供数据支持，掌握市场情报和用户消费画像，设计针对性营销方案。

3. 缩短商品交易周期：助力商家高频次开展短平快的营销活动

在电商发展初期，由于缺乏高效物流支持，淘宝和天猫等电商平台的营销活动较少，规模较大的营销活动仅有每年一次"双11"购物节，

尽管如此，"双11"期间依然经常收到物流配送不及时的投诉。但随着智慧物流的发展和物流配送效率的提升，除了"双11""双12"等固定大型营销活动外，以淘宝、天猫、京东等为代表的平台开始尝试更多短期营销活动，如"3·8女王节""吃货节"等。可见高效的物流体系为互联网营销模式提供了新的可能，带来更多短平快促销的尝试空间。

（二）资金流：区块链技术入局增强交易信任

1. 区块链技术的发展为数据存储和交易的安全实现提供可能

区块链的概念源于中本聪在2008年发表的论文《比特币：一种点对点的电子现金系统》，文中描述了一种加密数字货币（比特币）可在无第三方可信机构情况下支持不可信交易双方的直接支付。区块链的发展历程可以概括为三个阶段：区块链1.0时代是可编程货币时代，使得互不信任的人在没有权威机构的介入下直接用比特币支付；区块链2.0时代又称为可编程金融阶段，人们开始将区块链应用于股票、清算、私募股权等金融领域；区块链3.0时代又称为可编程社会阶段，人们根据区块链的特点将其运用在社会的各个有需求的领域，例如应用区块链匿名性特点的匿名投票领域，利用区块链溯源特点的供应链、物流等领域，以及物联网、智慧医疗、智慧城市、5G、AI等领域。

区块链的架构可以分为五层，分别是数据层、网络层、共识层、合约层和应用层。数据层是所有区块链平台中的最底层，通过封装的链式结构、非对称加密、共识算法等技术手段来完成数据的存储和交易的安全实现。网络层是指区块链通过对等节点（peer to peer）的方式完成组网，消息和数据的传输直接在节点之间完成，节点可以选择在任意时刻加入或退出网络而无须中间环节或中心服务器的参与。共识层是指在一个区块链的分布式系统中，互不信任的节点通过某一机制在短时间内排除恶意节点的干扰，对正确结果达成一致，即称各节点之间达成共识。合约层是指智能合约使区块链在保留去中心化、不可篡改等特性的基础上增加了可编程的特点，区块链通过智能合约的调用和事件的触发来完成数字资产的自动处理，适用于包括众筹在内的金融领域。应用层即区块链目前的应用场景，主要集中在数字货币、金融交易、数据鉴证、选举投票、物流等方面。

2. 隐私与安全：区块链技术为支付提供保障

区块链设计之初通过每一次交易都生成一个新地址的方法来避免第三方对用户的交易行为进行归纳分析，进而保护用户的身份信息。但比特币并没有做到完全的匿名，同时所有节点都可以任意读取区块链上的交易记录，这也会造成用户的隐私泄露。目前区块链的隐私威胁主要是攻击者对交易、网络通信、智能合约等信息的恶意窃取和利用。针对这些隐私问题，可以分别在交易内容、网络通信和智能合约方面进行隐私保护。交易内容的隐私保护可以通过地址混淆机制和信息隐藏机制来实现。地址混淆机制是指不同用户通过交易相互交换资产、混淆用户地址的一种隐私保护机制，典型应用如 CoinJoin 协议。信息隐藏机制是指通过密码学技术将交易内容进行加密隐藏。目前应用于区块链交易内容的信息隐藏技术主要用于隐藏交易输入地址、输出地址、交易金额等信息，典型应用包括门罗币、Zcash 以及 ZK – ZK Rollup。

在安全方面，区块链的安全目标是数据安全、共识安全、隐私保护、智能合约安全和内容安全。数据安全具有保密性、完整性和可用性，共识安全是区块链的核心，隐私保护是对用户身份信息和敏感信息进行的保护，智能合约安全是文本和代码的安全以及实际运行当中的安全，内容安全要求区块链传播和存储的数据符合道德规范和法律要求。

3. 营销为本、技术为用：区块链技术在营销领域的应用

根据区块链营销智库"营销无止境"（Never Stop Marketing）发布的区块链技术概览（Blockchain Marketing Technology Landscape），区块链技术在营销领域已经渗透到程序化广告、去中心化广告、内容营销、社交化营销、商业、数据以及管理方面。

区块链在营销领域的应用比较突出的是在程序化广告、去中心化广告和数据方面。在程序化广告方面，涉及供应链透明性、交易透明和账目核对、阻碍虚假信息、回馈受众。在去中心化广告方面，主要是搜索广告、原生广告、数字广告、视频广告和移动终端广告。在数据方面，区块链因其架构特征实现了透明性和数据反馈、数据隐私和用户身份的保护、数据市场、预测分析和营销分析。

区块链风口下，数字广告营销在隐私保护、效果监测等方面面临瓶颈，区块链有望克服这些瓶颈推进广告营销的发展。在效果监测方面，流量造假问题是横亘在广告主与广告商之间的鸿沟，而区块链通过透明的数据监测为广告主提供实时的多方面的数据，有利于去除广告主的信任危机。在隐私保护方面，区块链合法地收集用户的隐私信息，并且帮助用户管理自己的信息。同时区块链的代币奖励机制鼓励用户生产有价值的内容，用户可以对自己的数据资产和服务定价，用户贡献广告效果的同时也获得了收益。

（三）信息流：互联网营销的数字化转型与协同发展

随着互联网技术、5G 技术、区块链技术、数字技术等在中国的快速发展，互联网营销行业迎来了转型发展的高峰期，营销产业链也发生了巨大的改变，互联网营销从最开始的门户网站展示广告、搜索营销，逐渐发展成社会化营销、内容营销等新的互联网形态，不断融入新的数

字技术，在这个发展的过程中，数字化互联网营销重构了营销生态。根据易观分析《中国信息流平台品牌服务价值分析 2020》调研发现，2020 上半年，中国信息流平台月均活跃用户达到 9.5 亿，日均活跃用户达到 5.3 亿，随着互联网营销的数字化发展和转型，互联网营销的信息流呈现出不同的发展特点。

1. "信息找人" 的定向推送

在传统营销中，根据消费者的兴趣爱好推荐产品或者服务，以争取交易机会，但人工操作行为相对来说是小范围、低效率的，是一种个体行为。在互联网营销中，大数据技术、算法技术的快速发展，在一定程度上替代了人工劳动，品牌为了更加精准识别目标消费者并提高信息流的触达率，算法识别、定向推动成为企业营销的首要手段。互联网营销中的定向推送在一定程度上是必然趋势，一方面企业或者品牌可以通过用户画像快速锁定目标消费者实现精准营销，另一方面也帮助用户在海量信息中快速识别有用信息。目前，在数字技术的帮助下，一个完整的定向推送主要由三个板块组成。

第一个板块是通过大数据技术收集所有用户的浏览行为、搜索行为、下载行为，记录用户的互联网使用特性，在这个过程中 cookie 技术帮助网站获得用户的历史访问信息，诸如自动登录、保存记录、添加商品到购物车等。除 cookie 外，网络运营者还广泛使用 Web Beacon、ET Tag 等同类技术。

第二个板块是建立用户画像，通过数据挖掘、大数据技术将 cookie 及同类技术获取的信息进行分门别类，深度分析消费者的潜在爱好和喜爱程度，对用户进行建模；在 "私人订制" 的过程中，模型会不断优化、调整，从而为企业、品牌构建一个动态、精准的用户画像。

第三个板块是算法推荐，算法推荐是信息流动活动中的核心部分，形式包括协同过滤、内容推荐、标签推荐、深度学习算法等。但无论是哪一种算法推荐，都是根据用户画像精准匹配目标消费者，实时地在产品集合中筛选出用户感兴趣的产品进行推送。[①]

2. 让"数据"说话的精准营销

能否实现精准营销，是互联网企业营销实现目标转化的关键。与传统营销模式相比，互联网营销在数字技术的助推下，实现精准的客户定位、精准的营销渠道、精准的增值服务，帮助企业主动掌握信息，让"数据"说话的精准营销变得切实可行。

具体来说，互联时代的精准营销的信息流传播链条主要是"定位用户需求—匹配需求产品—提供增值服务"，在这个过程中，定位用户需求，需要企业借助数字技术精准定位客户，借助大数据技术，企业建立自身准确的数据体系，量化目标市场，从海量的用户需求中提取用户画像。与传统营销广撒网式的抓取相比，互联网精准定向营销会提升整个信息的真实性和准确性。利用信息技术进行精准营销，进而实现用户的精准定位。以抖音为例，目前抖音的云图系统通过数据解析，能够支持21类一级标签、101类二级标签、400类三级标签（包含200万个用户关键词标签），对人群进行"粉末化"的差异化建模。

在大数据背景下，企业的营销渠道有多种选择，对于不同的消费者，企业使用不同的营销渠道，匹配不同的产品需求，选择合适的渠道将合适的产品匹配给目标客户是实现精准营销的关键。企业利用大数据技术通过对消费者购物偏好的分析，可以最大限度地降低营销成本，提高用户黏性和营销信息的触达率。

---

① 龚涛，关昭宇. 定向推送的原理、法理与治理［J］. 太原理工大学学报（社会科学版），2021［39（01）］.

消费者选择产品的关键除了选择产品本身特质之外，更多的是选择产品的增值服务。互联网的精准营销是通过个性化技术实现的，企业在提供产品之外，更多的是通过大数据技术在同质化的时代明确消费者对增值服务的更多需求。通过大数据的分析处理，选择最合适的增值服务，以最低的成本带来最大的客户满意度，以此增强客户黏性。[①]

3. "AI + 大数据" 的智能客服体系

智能客服具备多种智能功能，可通过智能路由对接入的用户进行分流，分配给智能机器人客服或人工客服，并配备多种辅助及监控功能，提升服务效率与质量。据调查，2019 年中国云客服行业总收入超过 80 亿元，2024 年有望超过 350 亿元。智能客服改变了传统客服的体系模式，虽然增加了信息流的处理环节，但效率大大提高。智能客服在收到用户反馈后，通过自助问答、信息推荐、信息收集、辅助人工、回访通知等环节，实现了服务场景和营销场景的转化。企业应用智能客服之后，降低了人力成本，提升了服务效率和应答率，提升了客户的满意度，继而实现了营销线索的转化率。以京东"双 11"为例，"双 11"期间京东无人客服的接待量达到了平日的 6.5 倍，服务用户数达上百万，独立解决问题能力达到 60% 以上，实现了秒级触达，全天候快速响应。而当机器人识别到用户的情绪波动比较大时，可无缝切换到人工客服，用户端无须跳转，即可完成机器与人工的智能切换。与此同时，据统计，智能客服机器人可以解决 85% 的常见客服问题，而一个机器人座席的花费只相当于一个人工座席花费的 10%，为企业解决了相当重要的成本问题。依托于数字技术和用户导向信息的智能客服体系节省了互联网营销成本，提升了互联网营销的转化率，为互联网营销提供了

---

① 杨明. 基于大数据技术优势的电子商务精准营销分析 ［J］. 中国市场，2021（08）.

新机会。

　　数字技术帮助互联网营销实现"人与人的信息关联""人与货的精准匹配"，助力品牌构建起一个充满交互、实效和可供长效经营的营销能量场，为品牌形成了数据积累、私域构建和用户资产的沉淀。同时数字技术为品牌赋能，释放增长潜力，企业通过数字技术将互联网营销打造成一站式营销，通过数据资源不断辐射，圈粉更大范围的消费群体，进而提升营销转化效率，释放增长潜力，帮助企业和品牌创造更大的价值增量空间。

第三章

互联网营销的社会环境

在国内疫情趋于稳定、经济逐渐恢复的大背景下，后疫情时代互联网存量竞争的序幕在监管日趋规范的环境中徐徐拉开，并整体呈现出稳中向好、特点鲜明、方向明确的发展局面。本章从三个部分对互联网营销的社会环境现状和特点进行解读：从时代特征角度来看，当前国内互联网经济政策张弛相合，健康消费和银发经济增势符合社会现状和人口结构特点，全球疫情态势将导致消费者的报复性消费和理性消费交织共存；在消费者特征上，不同群体的消费表现各具特色，消费者行为在健康、价格、技术与身份角度呈现出在常态消费与非常态消费之间变换波动的特点；在媒介环境特征方面，疫情加速了线上媒体尤其是短视频的发展，同时也助推传统媒体加速转型并焕发出新的活力。

一、时代特征

2020 年对全球每个国家来说都是百年来极为特殊的时期，新冠肺炎疫情的全球蔓延验证了全球一体化的进程，让享受到全球化果实的公民也感受到了其副作用。但是，这一进程并不会因为这次疫情而停滞不前，相反，各国医疗卫生领域通力合作对抗病毒、生产疫苗的合作模式会推广到更多行业和领域，使区域化、全球化进程不断深入。

在 2020 年艰难的开局之下，我国成为去年全球唯一保持正增长的主要经济体。随着全球货物、人口流动的逐渐恢复，经济复苏将成为接下来各国发展的中心议题。

（一）经济政策张弛相合

在国内整体经济政策方面，2020 年 11 月发布的"十四五"规划纲要中，提出了"发展数字经济，推动数字经济和实体经济深度融合，打造具有国际竞争力的数字产业集群""培育新型消费，适当增加公共消费""坚持扩大内需这个战略基点，加快培育完整内需体系，把实施扩大内需战略同深化供给侧结构性改革有机结合起来，以创新驱动、高质量供给引领和创造新需求"等目标，为未来五年的经济尤其是互联网营销发展指明了具体方向。

针对具体领域，纲要提出："全面推进健康中国建设，提升健康教育、慢病管理和残疾康复服务质量，重视精神卫生和心理健康；深入开展爱国卫生运动，促进全民养成文明健康生活方式；完善全民健身公共服务体系；加快发展健康产业"。2020 年初《关于促进"互联网＋医疗健康"发展的意见》出台，拓宽了互联网医疗服务的边界，在老龄化方面，主张"积极开发老龄人力资源，发展银发经济"等。

另外，国家对于互联网经济并不是任由其肆意发展，反垄断、知识产权保护是重点关注领域。截至 2020 年 11 月，国内互联网金融一派繁荣，据不完全统计，此时互联网金融公司达 4000 家之多。但是，随着国家对互联网金融监管的加强以及随后一系列反垄断措施的实行，许多平台纷纷关闭金融相关服务。随后，《平台经济领域的反垄断指南》的发布以及多家互联网平台被约谈和罚款，也使得部分互联网经济平台的垄断地位降低，有利于未来中小企业在更趋公平的环境中发展。在知识产权领域，国家对人人影视、网易云等机构的查处也预示着国家对互联网知识产权内容保护的态度和决心。

（二）健康消费多维扩展

由于疫情的影响，公众对于健康的重视程度愈加凸显，除防护用品外，医药、传统滋补保健品等成为疫情期间的新刚需。与此同时，线上医疗、健身等场景在疫情推动下逐渐实现线上线下的互相联动。

伴随着检查一站式预约、线上线下诊疗互转等场景的普及，CBNData的报告显示，截至2020年上半年，已有约18%的网民使用过网上挂号和问诊服务。此外，受疫情推动，部分治疗场景也借助线上渠道实现了求医问药"最后一公里"的打通，送药到家成为常态，医疗器械的线上消费也迅速增加。

在疫情伊始，国内最大线上运动平台Keep联合多家运动机构推出"全网运动直播大课表"，在活动期间共有累计超过5650万名用户加入居家运动行列[1]。《2020健身大器械新趋势研究报告》显示，相较于MAT[2]2018，MAT2020健身器械消费者人数增速超四成，年轻人占据消费的主导地位[3]。《功能营养代餐市场消费趋势》显示，MAT2020比MAT2019在线上代餐市场消费中，消费者人数及金额增速均超过50%[4]。

---

[1] 金融界. 2020 Keep 大数据盘点［R/OL］. https：//baijiahao. baidu. com/s? id = 1687314474287731646&wfr = spider&for = pc.

[2] 编者注：MAT 全称为 Moving Annual Trend，月滚动年销售趋势，是一种计算方法。计算方法为计算时间之前一年的数据。

[3] 第一财经商业数据中心（CBNData），天猫. 2020 健身大器械新趋势研究报告［R/OL］. https：//www. cbndata. com/report/2260/detail? isReading = report&page =7.

[4] 第一财经商业数据中心（CBNData），超级零. 功能营养代餐市场消费趋势［R/OL］. https：//www. cbndata. com/report/2341/detail? isReading = report&page =2.

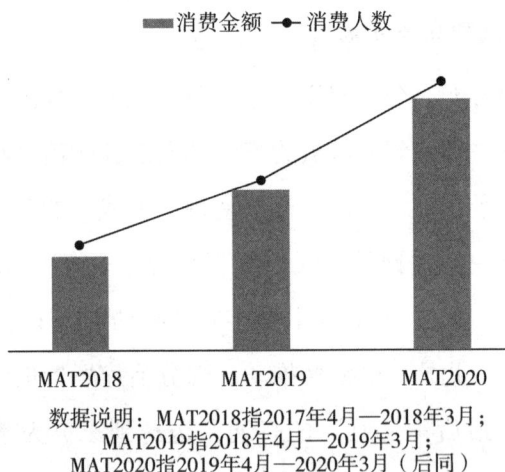

■ 消费金额 ● 消费人数

数据说明：MAT2018指2017年4月—2018年3月；
MAT2019指2018年4月—2019年3月；
MAT2020指2019年4月—2020年3月（后同）

图 3 - 1　MAT2018—2020 线上代餐市场消费趋势[33]

（数据来源：**CBNData** 消费大数据）

　　尽管上述数据结果受疫情期间居家隔离政策的影响较大，但是，疫情导致民众迅速提高的健康意识并不会在短期内下降，甚至长期来看也不会降至疫情前水平。据 2010—2030 年健康服务业发展规模变化及预测数据，2020 年我国在该领域中的规模为 8 万亿元以上，到 2030 年这一数据将达到 16 万亿元的规模。丁香医生《2019 国民健康洞察报告》显示，93% 的人群认为身体健康于己而言是最重要的事，远超排名第二（占 73%）的家庭幸福。而 2020 年 CBNData & Keep 的调研数据显示，有近八成人觉得疫情后更重视也更愿意运动了①；益普索 2020 年的调查结果显示，相比以往，85% 以上的人更注意"饮食结构多样化"和

---

　　① 第一财经商业数据中心（CBNData），Keep. 国民运动健康趋势报告 ［R/OL］. https：//www. cbndata. com/report/2371/detail？ isReading = report&page = 1.

"营养摄入均衡/科学饮食结构",同时更加注意减少不健康成分的摄入①。

总体来看,随着国内疫情的控制,部分疫情期间临时转至线上的项目未来会由线上逐步回归线下,或双线并行,但伴随着线上线下、问诊治疗等多方位医疗场景的打通,消费者的健康医疗需求将逐步实现多层次、数字化的满足;线上的运动器械、日化品,以及健康食品领域的消费习惯能够继续保持,并在一段时期持续较高水平。随着"互联网 + 医疗健康"生态模式的不断完善和成熟,健康和公共卫生相关产业或将成为互联网营销领域的新动能。

(三)银发经济势头迅猛

近些年来,消费群体特征日益明显,圈层经济、"她经济"等词逐渐被大众所接纳和使用,反映出互联网消费领域中,中青年消费者数量已触达天花板。与此同时,我国逐渐进入老龄化社会,到 2050 年中国60 岁及以上人口将达 4.83 亿,中国养老产业市场规模在 2020 年已达到7.18 万亿元,预计 2022 年将达到 10.25 万亿元,并保持高速增长。在移动网络使用上,截至 2020 年 5 月,银发人群移动设备月活跃用户数超 1.1 亿人,同比增长 14.4%,成为移动网民最重要的增量来源。基于如此巨大的老龄人口基数和增长势头,中老年群体将成为未来互联网营销的新蓝海。

首先,老年保健品潜力大 。2015—2019 年,保健品行业市场规模从 2029 亿元增长至 2755 亿元②,作为老年群体的刚性需求,保健品是

①　益普索. 2020 健康快餐研究报告 [R/OL]. https：//www. cbndata. com/report/2422/detail？ isReading = report&page = 8.

②　微热点大数据研究院. 保健品行业网络关注度分析报告 [R/OL]. https：//www. cbndata. com/report/2223/detail？ isReading = report&page = 1.

整个养老产业的重要一环，其市场规模在 2020 年疫情刺激下已超过 1500 亿元①。在 2013—2018 年中国保健品各渠道增速中，网上营销首先达到 31.2%，远超其他渠道，日渐成为保健品的主要营销模式之一。

（亿元）

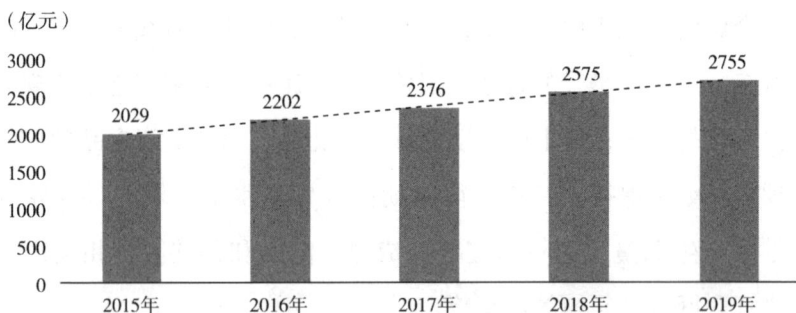

图 3 - 2　2015—2019 年中国保健品市场规模

　　其次，社区团购成风潮。始于 2015 年的社区团购模式在疫情的影响下迎来了高速增长。基于渗透率达 97% 的社交行业而建立的团购群，成为市场下沉的主战场。这一基于线上流量、服务社区群众、团长直接领导的拼团购物方式，不仅供应链形式更加轻便，产品损耗也大大降低，加之互联网巨头公司的补贴，能在售价上低于商超等实体商店。借助以上优势，社区团购在中老年群体中得以迅速扩张，很多中老年消费者通过社区团购开始第一次使用智能手机，第一次感受到网购的便利。随着监管部门对社区团购市场秩序的规范，中老年人群体或许能够通过社区团购在互联网营销活动中发挥更大的作用。

① 艾媒数据中心.2020 年中国老年人保健品市场发展空间分析：市场规模已超 1500 亿元［EB/OL］.https：//www.iimedia.cn/c1020/77198.html.

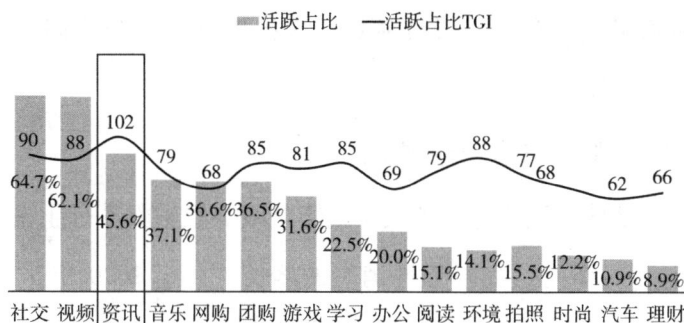

活跃占比TGI：目标人群某个标签属性的月活跃占比除以全网具有该标签属性的月活跃占比*100。

图 3 - 3　银发人群网民线上兴趣偏好[38]

（数据来源：QuestMobile Growth 用户画像标签数据库，2020 年 5 月）

最后，社交 App 是重镇。随着银发人群活跃设备用户规模的快速增长，空闲时间较多的中老年群体将社交、视频类内容作为消磨时间的必备应用，同时，他们对资讯类信息兴趣突出①。不同于 Z 世代将社交App 作为联络朋友、认识圈层内同好的途径，银发人群更多的是将线下好友扩展到社交平台实现与好友在不同场景的交流，其视频的分享频率也相较于其他年龄段更高。例如，成为广场舞产品独角兽的"糖豆服务"，中老年用户超 2 亿，且用户黏性较高。易观千帆的数据显示，在运动健康领域，相较于月活数第一的 Keep（1148.4 万），糖豆的月活数量（846.8 万）仅排第四名，但是日活数却比 Keep 高出了 30 多万（Keep 与糖豆的日活分别为 166.7 万和 198.3 万）。

当下互联网平台中的产品大都是年轻一代对老年人群喜好的猜测进行设计的，这种猜测也许可靠，但也可能过于片面。未来或许可以让老

---

① QuestMobile. 2020 银发经济洞察报告［R/OL］. https：//www. cbndata. com/report/2344/detail？ isReading = report&page = 7.

年人进入平台产品内容研发、设计领域，来推出真正符合他们口味的
"爆款"。

（四）报复性消费与理性消费交织

随着国内疫情的逐渐稳定，餐饮、电影院线等娱乐服务行业先后恢
复并在春节黄金周期间达到报复性消费的峰值。截至 2020 年 5 月 24
日，全国餐饮业商户复工率达 94.9%，消费复苏率也达 88.9%[①]。在
2021 年春节黄金周疫情防控和就地过年的新形势下，餐饮交易额同比
增长 261%，餐饮外卖交易额同比增长 154%[②]，全国重点零售和餐饮企
业实现销售额约 8210 亿元，比去年春节黄金周增长 28.7%，比 2019 年
春节黄金周增长 4.9%[③]。在院线方面，春节黄金周全国电影票房达
78.22 亿元，比 2019 年增长 32.47%，再次刷新春节档全国电影票房纪
录，同时创造了全球单一市场单日票房、全球单一市场周末票房等多项
世界纪录；观影总人次达 1.6 亿，较 2019 年增加了 3000 万，同时创造
了全球单一市场单日票房、全球单一市场周末票房等多项世界纪录。

在国际旅游等短期内无法恢复的行业，报复性的消费浪潮还未到
来。但是，作为替代品的本地游、周边游、短途自驾游等国内游项目已
经显示出了较大活力和报复性消费的特点。2021 年春节期间，北京、
上海等城市郊区住宿消费额同比增长两倍以上[④]；2 月海南接待游客总

① 美团研究院. 2019 年及 2020 年上半年中国外卖产业发展报告［R/OL］. https：//
www. cbndata. com/report/2335/detail? isReading = report&page = 24&readway = stand.
② 中华人民共和国商务部. 2021 年春节餐饮消费迎来"开门红"［EB/OL］. http：//
www. mofcom. gov. cn/article/ae/ai/202102/20210203039694. shtml.
③ 中华人民共和国商务部. 中国经济牛年"开门红"［EB/OL］. http：//www. mof-
com. gov. cn/article/i/jyjl/l/202102/20210203040274. shtml.
④ 中华人民共和国商务部. 2021 年春节黄金周消费市场安全有序 年味浓销售旺［EB/
OL］. http：//whtb. mofcom. gov. cn/article/shangwxw/202102/20210203039477. shtml.

人数达到 977.99 万人次，同比增长 659.6%；1—2 月离岛免税店销售额超 15 亿元，比 2019 年春节翻了一番。①

随着今年"五一"假期的延长，国内游的报复性消费带动住宿、交通出行、餐饮服务等行业迎来了新一波小高峰，国内游大循环的态势良好。据腾讯新闻报道，今年的"五一"假期出游全面超过 2019 年，创造多个新高。去哪儿数据显示，"五一"机票预订量较 2019 年增长超三成，酒店预订量较 2019 年超四成；与此同时，携程"五一"假期总订单量同比增长 270% 左右，比 2019 年同期增幅超 30%。

在餐饮、旅游、电影等服务业，经济内循环已基本形成并初具规模，后疫情时代国内经济将继续呈现节假日期间报复性消费，随后逐渐归于理性的报复性消费与理性消费交织共存的局面。

二、消费者特点

消费者是互联网营销市场需求端的主要构成部分，也是互联网营销最主要的对象。2020 年是疫情态势反复的一年，国内宏观社会秩序也在常规状态与非常规状态中不断切换，由此给消费者的群体特征和行为趋势都带来了微妙且深刻的变化。洞悉社会中的消费者群体，不仅需要从宏观上对消费者人口统计学等群体特征进行总结，还需要从具体的消费行为和消费领域中把握其消费行为的变化趋势，总而言之就是从"他们是谁"以及"他们做什么"两个基本问题上来认识。

---

① 中华人民共和国商务部. 商务部消费促进司负责人谈 2021 年 1—2 月我国消费市场情况［R/OL］. http：//scyxs. mofcom. gov. cn/article/c/202103/20210303046894. shtml.

（一）消费者的群体特征

2020年，中国的数字消费者高达8.55亿人次，在线零售交易占零售交易的24.9%[1]，这使得中国成为世界上最大的线上商品消费市场。然而，中国消费者群体差异性大，根据不同年龄、不同阶层、不同性别、不同区域等特征都可以发现不同的群体特征。为此，本节从涉及营销用户画像的三大人口统计学变量——年龄、性别、地域入手，观察互联网营销市场中消费者的人口统计学分布，并将其最突出群体特点做如下总结。

第一，年龄维度上，银发族与Z世代已成长为消费者中两大富有生命力的群体。一方面，第七次全国人口普查结果显示60岁及以上人口超2亿，占比达到18.70%[2]。随着养老金不断上涨和预期寿命延长，可以预见未来拥有足够金钱与时间进行消费的银发族将是一个庞大的群体。另一方面，QuestMobile数据显示近年Z世代用户快速增长，自2015年始其用户规模翻倍至3.2亿，已成为移动网民中的重要组成部分[3]。伴随Z世代人口步入社会并开始工作，他们未来也将逐渐成为国内消费市场的新生力量和主力军之一。

---

① 安永. 中国消费者的七张面孔［EB/OL］. https：//www. sohu. com/a/463588124_ 100136197.

② 国家统计局. 第七次人口普查公报（第五号）［EB/OL］. http：//www. stats. gov. cn/tjsj/zxfb/202105/t20210510_ 1817181. html.

③ QuestMobile. 2020Z世代洞察报告［R/OL］. https：//www. thepaper. cn/newsDetail_ forward_ 10758067.

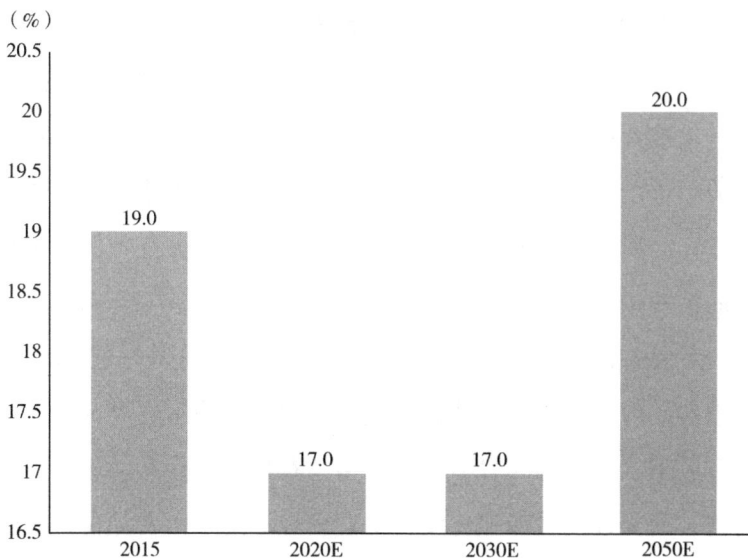

图 3 − 4　2015—2050 年中国失能╱半失能老年人口占比及预测①

（数据来源：中国老龄工作委员会办公室）

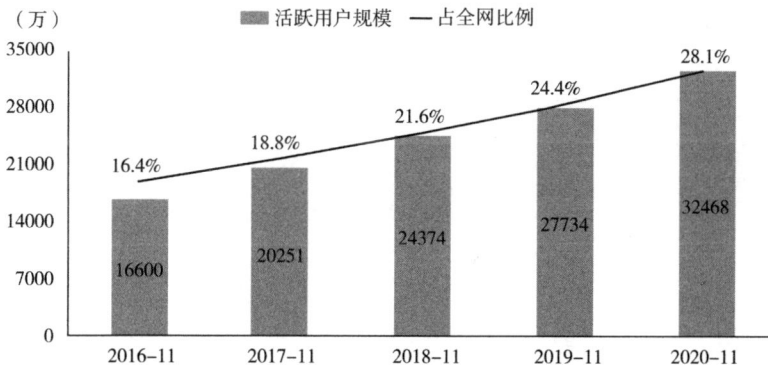

图 3 − 5　近 5 年 Z 世代用户规模变化②

（数据来源：QuestMobile GROWTH 用户画像标签数据库，2020 年 11 月）

---

① 艾媒咨询. 2020—2021 年中国医疗电商行业发展趋势及标杆企业分析报告［R/OL］. https：//www. iimedia. cn/c400/69668. html.

② 中国（上海）金品推广组委会. 2021 中国快消品产业年度报告［R/OL］. http：// www. ce. cn/xwzx/gnsz/gdxw/202102/08/t20210208_ 36301744. shtml.

　　第二，性别维度上，在中国网民性别结构逐渐均衡的背景下，"她经济"与"他经济"因不同的消费偏向获得了不同消费市场的关注。首先，一直被营销市场视为宠儿的女性消费在 2020 年依然迸发出新的活力，消费市场远超 10 万亿元。① 与此同时，女性消费者呈现出更关注性价比和品质、以娱乐宠爱自己为目的消费特点，且女性消费者在家庭领域的消费中具有高于男性的决策权和主导权。② 其次，2020 年"他经济"也悄然兴起，且呈现出三个明显的消费偏向 ——消费领域不断扩张、消费品位持续提升、热衷于超前购物。③ 男性消费者的消费领域从体育、电子、游戏等年轻型、低端型消费扩展到汽车、旅游、腕表等高端消费，而男性消费者相比女性消费者也更追求消费品位，奢侈品消费的客单价比女性高出 6%④，他们经常使用超前消费来满足自己对品质消费的追求，蚂蚁花呗、苏宁任性付等互联网金融产品也更容易获得男性消费者的青睐。

---

① QuestMobile. QuestMobile2021"她经济"洞察报告［R/OL］. https：//www. questmobile. com. cn/research/report－new/145.

② 360 智慧商业. 2020 女性消费特征分析报告［R/OL］. https：//www. sohu. com/a/408253752＿ 100176301.

③ 苏宁金融研究院. 男性群体消费趋势研究报告［R/OL］. http：//www. 199it. com/archives/1033512. html.

④ 德勒＆寺库. 中国奢侈品网络消费白皮书［R/OL］. https：//max. book118. com/html/2018/0319/157889043. shtm.

女性购物关注因素排行

46.6%　46.3%　43.3%　41.4%　36.9%　30.5%

性价比　品质　需求程度　适合程度　品牌　价格

近一年女性相关热点关注度排行

变得更好　恋爱自己　娱乐自己

连衣裙　健身　李佳琦　奢侈品　口红　提升学历　奶粉　美妆　考证　香水　轻奢　奇迹暖暖　医美　艺术生活品牌　美容仪

女性决策超越男性

15.2%　9.9%　6.5%　5.5%　3.6%

化妆及美容产品　母婴用品　食品/生鲜　服装鞋帽　家居用品

男性决策超越女性

6.8%　5.7%　1.9%

数码产品　家用电器　机票和酒店预订

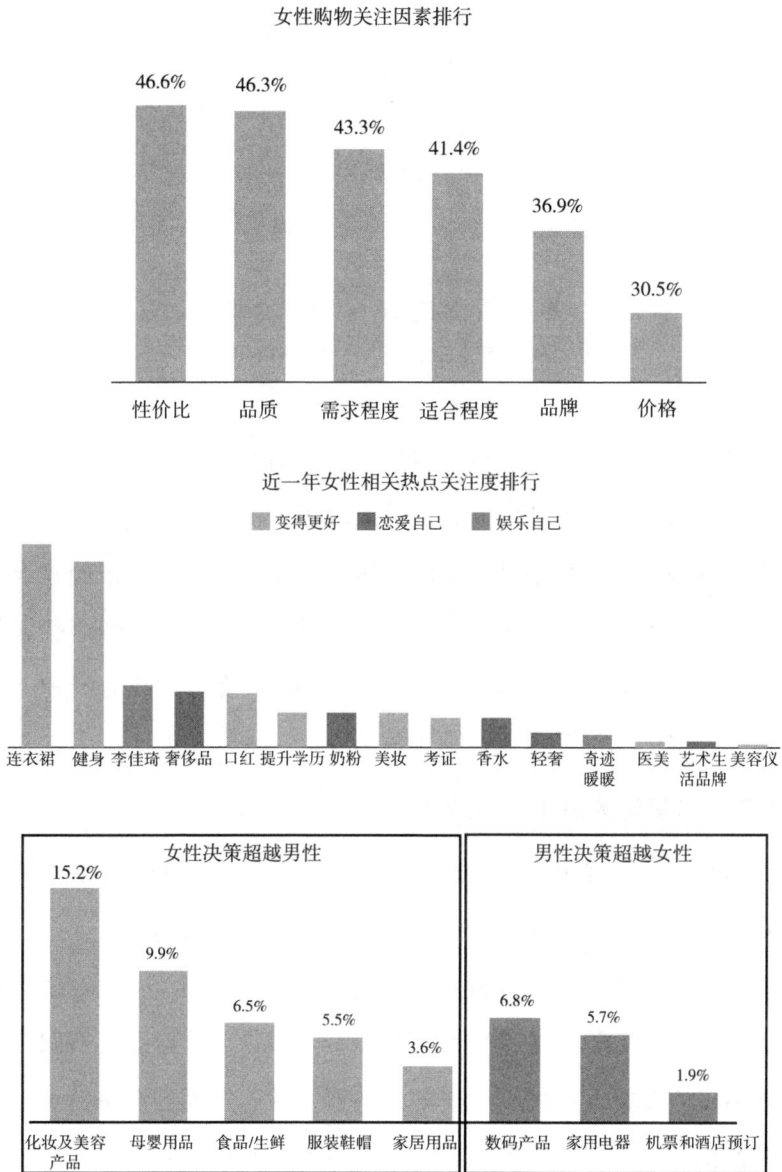

图 3-6　女性消费者的消费偏向

年轻男性	中年男性	老年男性
·体育	·汽车	·健康
·电子	·旅游	·养生
·游戏	·腕表	

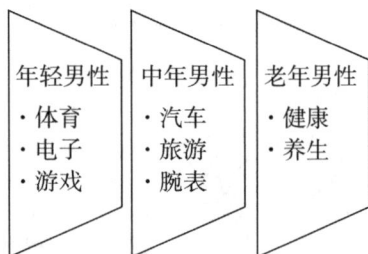

图 3 - 7　男性消费者的消费偏向

（数据来源：西南证券研究所，苏宁金融研究院）

第三，地域维度上，三线及以下城市的消费活力可观。由于一、二线大城市生活成本的不断上升，固有的城镇居民反而没有更多的可支配收入用于网购消费，而小城市中的居民得益于互联网基础设施建设的扩张铺垫，形成了新的线上生活方式，消费活力更盛。《中国消费者的七张面孔》调查中显示，三线及以下城市的零售额增长最为强劲，尤其是内陆三线城市的消费占比远高于内陆一、二线城市①。

（二）消费者的消费行为趋势

2020 年是疫情态势反复的一年，国内宏观社会秩序也在常规状态与非常规状态中不断切换，导致消费者行为呈现常态消费与非常态消费波动变化、此消彼长的共存特点。所谓常态消费，即消费者在生活过程中有规律的、长期稳定的消费行为与消费习惯；而非常态消费则与之对应，指由于宏观社会秩序变化所诱发的偶发性、短期的消费特点。

洞悉消费者需求，是网络营销制定目标、开展计划的必要要求。因此，下文结合施罗德提出的驱动消费者购买行为的"价值"标准并基

---

① KC Schrøder. News media old and new: Fluctuating audiences, news repertoires, and locations of consumption [J]. Journalism Studies, 2014, 16 (1).

于具体的消费者关注焦点，从身心健康、价格、技术、身份四方面对消费者的常态消费需求与非常态消费需求做概述性梳理。

1. 身心健康："治疗式"非常态消费，"养护式"常态消费

健康是人类最基本的需求，受疫情影响健康已成为公众在日常生活中的重要关注领域，且重要程度日益提升。从短期来看，疫情促进了在线医疗问诊、医疗防护的消费需求，医疗电商市场扩大兴起，据艾媒咨询报告指出，2020 年在线医疗电商市场规模扩大接近 1000 亿元①。然而，在线医疗问诊、医疗防护消费都是基于公共卫生安全威胁出现的短期性消费，主要是以"治疗""应对"为购买目标，在公共卫生事件突发的情况下呈现井喷式发展，换言之，应急性线上医疗用品的需求增长是非常态消费特点的体现。

从长期来看，疫情使消费者的健康意识增强，"自我关怀"才是未来消费者健康消费的关键词。具体而言，"自我关怀"是一种"养护先行"的健康消费观念，其内涵丰富，不仅包括对心理健康的持续关注，还包括对自我免疫的提升，以及饮食、生活方式的调整，这促使在线健身、在线饮食搭配、在线心理关注等软件蓬勃兴起。英敏特调查显示，近 5 年线上锻炼软件及心理诊疗软件的使用频率都呈上升趋势，且在后疫情时代呈现稳健上涨的趋势。② 因此，如何建立一个系统性处理身体与心理健康的框架，使其完全融入个体日常生活的方方面面，推动个体获得更健康、平衡的生活方式，才是长期视角下，消费者的常态健康消费需求。

---

① 艾媒咨询 . 2020—2021 年中国医疗电商行业发展趋势及标杆企业分析报告［R/OL］. https：//www. iimedia. cn/c400/69668. html.

② 英敏特 . 2021 全球消费者趋势［R/OL］. https：//china. mintel. com/xinwengao/xin-wengao－qushi/xiaofeizhe－qushi－fabuhui－2021.

基于此，未来网络营销应该考虑的是如何结合消费者的数字化生存数据，为消费者重构健康生活的想象空间。

2. 价格：报复性非常态消费，节制性常态消费

价格或资产是消费者支出首要考虑的因素，是其对自有财产与消费对象的利益对比。从短期来看，由于疫情反复导致不确定性因素在社会环境中只增不减，在此背景下一部分消费者为保证基础生存资源的充沛，而一部分消费者则选择利用消费快感抚平内心的不确定感知，因此陷入报复性消费中，尤其体现在线上快消品行业上。《2021 中国快消品产业年度报告》显示，2020 年增长最快的快消品类包括粮油、生鲜、调味品、速冻米面食品等①。可见，报复性消费正是短期视角下不确定性导致的非常态消费特点。

如若从长期视角来看，经济环境的不确定性使消费者的价格认知观念转变为强调优惠、便利的最低消费，同时也使消费者调整消费优先级排序，重视耐用性、安全性及使用功效。英敏特调查显示，超过 82% 的消费者认为需要谨慎管理自己的支出，并倾向于购买更高质量的产品②。因此，面对经济环境的脆弱，消费者更为常态的消费需求是节制的，他们将继续削减非必要的支出，未来网络营销更应考虑如何向消费者展示不可或缺的产品或服务价值，增强对耐用、使用等能够抵抗不确定性的"抗逆性"宣传。

---

① 中国（上海）金品推广组委会. 2021 中国快消品产业年度报告［R/OL］. http：//www. ce. cn/xwzx/gnsz/gdxw/202102/08/t20210208_ 36301744. shtml.

② 英敏特. 2021 全球消费者趋势［R/OL］. https：//china. mintel. com/xinwengao/xinwengao – qushi/xiaofeizhe – qushi – fabuhui – 2021.

3. 技术：尝新式非常态消费，体验式常态消费

疫情给数字化技术浇了一把油，各种线上技术及工具层出不穷。面对无限扩张的线上生活空间，消费者总有"尝鲜"的新鲜需求，例如，同样的在线医疗工具，消费者可以在春雨医生、丁香医生等 App 中选择尝试；同样的直播工具，消费者可以在淘宝等视频直播工具、Clubhouse 等音频直播工具中选择尝试。可见，新的技术工具总能给消费者带来短暂的"尝鲜"快感，但这种快感很容易因为"信息过载""工具过载"而转瞬即逝，不少跟风式的技术工具也因此"一夜寒冬"。换言之，对技术工具的"尝鲜"使用是消费者在面临喷涌式的新技术开发时显著的非常态消费特点。

然而，数字化生存是未来发展趋势。随着消费者越来越多融入数字世界，他们就越来越需要一种数字化的生活手段，从实践来看这种生活手段即是一种体验式的手段。例如，在线教育改变了消费者对教育的便捷性体验，"云展览""云音乐节"改变了消费者对文化消费的视听体验，在线购物则改变了消费者与货物间的连接体验。因此，只有能够拓展消费者自由度、改变消费者体验感的技术才是未来的常态消费需求。基于此，未来网络营销需要考虑如何将体验感渗透到营销环节中，只有消费者亲身体验过后才能破除其"尝新"式的非常态消费桎梏，将其转化为一个长期、稳定的消费习惯。

4. 身份：强调连接、认同、情感的常态消费

身份是个体与大众关联对应的结果，在一定程度上代表着自己的消费水平及品位。新冠肺炎疫情既让人们感受到团结感与归属感的益处，同时也使人们体验到孤立和孤独。后疫情时代，消费者更加认识到群体和相互支持的重要性，他们更需要与本地以及互联网群体联系在一起。

传统的营销和消费研究中已经一再证实"社群"的重要性，后疫

情时代，消费者的消费需求也比以往任何时候容易受到社群因素左右——同类消费中消费者更愿意为能够获得身份认同、情感共鸣的品牌和服务买单。例如，电商直播的火热即是说明情感沟通对消费者作用巨大；阿根廷啤酒商 Todo VA estar bien 展开"一切都会好起来"的线上营销活动在一定程度上提升了阿根廷人民的积极情绪。

虽然新冠肺炎疫情具有突发性，抗疫的连接和团结也具有阶段性，但不可否认这种偶发性事件加速了消费者从"产品消费"向"情感消费"的转变。未来互联网空间中，基于地缘、趣缘的社群连接对广告主建立与消费者的情感纽带异常重要。重新定义消费者的身份、强调消费的情感、价值观和生活方式，也将成为数字化社会中消费者更为常态的消费需求。

表 3-1　2020 年互联网营销环境的消费行为特点

消费行为的价值标准	非常态需求		常态需求	
身心健康	治疗式消费	例：医疗防护用品消费	自我关怀式消费	例：生活方式养成服务
价格	报复性消费	例：快消品囤货消费	节制性消费	例：按需购买耐用品、必需品
技术	尝新式消费	例：同一服务性质的 App 过载使用	体验式消费	例：在线教育；云音乐节
身份	/	/	情感、认同式消费	例：基于兴趣爱好购买的情怀服务

总而言之，要洞悉后疫情时代消费者需求是否发生了根本性变化，这需要从短期和长期两个时间维度上来探讨。短期视角中，非常规的社会秩序必然导致消费者需求出现应激性变动，这些需求或偏激或不理性，代表着消费者在不确定性环境下的应激反应；而长期视角中，常规的社会秩序必然主导着社会进步方向，后疫情时代，由于消费者越发意识到诸如卫生事件、经济危机、粮食安全等非常态安全对社会的威胁性，消费者的常态需求也将逐渐向"可持续"需求靠拢，企图通过系统、完整的消费框架来养成更长期、科学的消费习惯。

三、媒介环境特征

（一）疫情加速线上媒体发展

2020 年新冠肺炎疫情发生，加速了非网民群体接入互联网的步伐，使得已进入存量时代的中国互联网迎来一次用户增长的新机遇。《2020 中国移动互联网年度大报告》[①] 显示，中国移动互联网月活跃用户规模的同比增长率在 2018—2019 年整体呈逐渐下降趋势，但在 2020 年上半年迎来一次小高峰，下半年增速回稳，但月均 MAU 仍高于前两年水平。互联网活跃用户规模的提升意味着网民基数的总体扩大，这将直接提高线上互联网平台的营销价值。

---

① QuestMobile. 2020 中国移动互联网年度大报告 ［R/OL］. https：//www. cbndata. com/report/2536/detail？ isReading = report&page = 3.

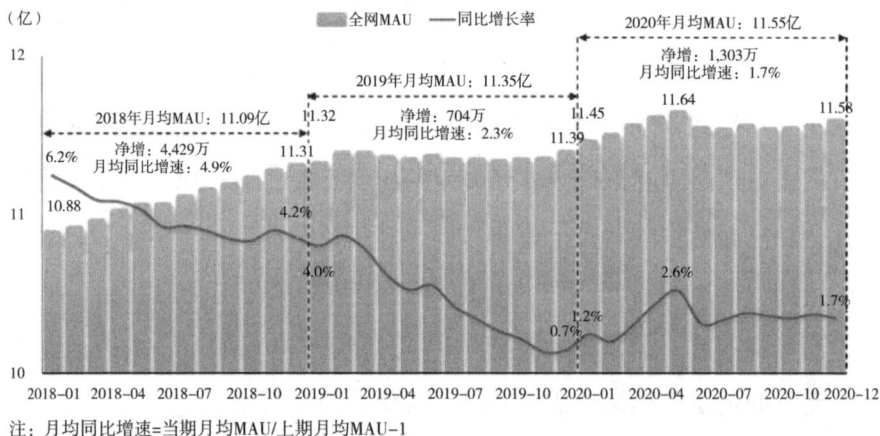

图3-8　2018—2020年中国移动互联网月活跃用户规模[59]

（数据来源：QuestMobile TRUTH 中国移动互联网数据库，2020年12月）

1. 短视频媒体收割最大疫情流量红利

相较其他互联网应用，短视频媒体平台用户规模在疫情期间渗透率加速提升，成为疫情带来用户增长红利最大赢家。CNNIC数据显示，2020年3月，我国短视频用户规模已经达到77325万人，使用率为85.6%；2020年12月，我国短视频用户规模达到87335万人，使用率为88.3%。短视频应用的用户规模增长超1亿，增长率为12.9%，为各类互联网应用之最。[①] QuestMobile数据显示，从巨头系App使用时长占比来看，短视频市场"双雄"之头条系和快手系2020年的增长优势同样突出。[②]

---

① 中国互联网信息中心. 第47次中国互联网发展状况统计报告［R/OL］. http：//www. cac. gov. cn/2021－02/03/c_ 1613923423079314. html.

② QuestMobile. 2020年中国移动互联网年度大报告·上［R/OL］. https：//www. questmobile. com. cn/research/report－new/142.

■腾讯系 ■阿里系 ■百度系 ■头条系 ■快手系 ■其他

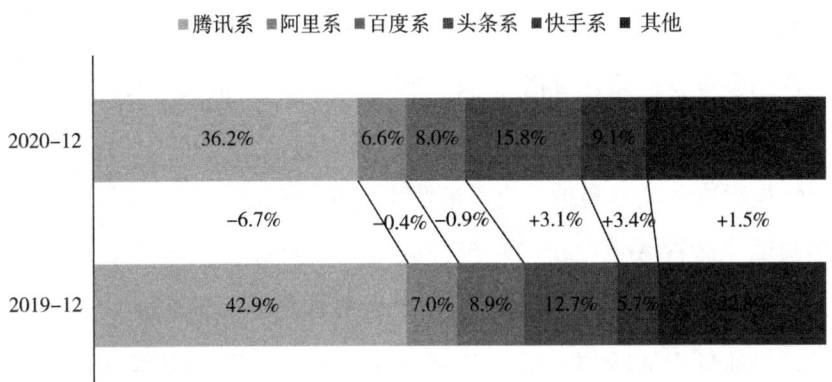

注：各派系选取旗下MAU≥1万的App，占比＝各派系旗下MAU≥1万的App合计总时长/移动
互联网活跃用户总时长

图3－10　移动互联网巨头系 App 使用时长占比[61]

（数据来源：QuestMobile TRUTH 中国移动互联网数据库，2020 年 12 月）

作为后起之秀，抖音无论在国内或国际都已跻身主流社交平台序列。《2020 年抖音大数据报告》显示，截至 2020 年 8 月，包括抖音火山版在内，抖音日活跃用户已超 6 亿人次，相较 1 月的 4 亿日活同比增长 50%。Sensor Tower 商店情报数据显示，在综合了全球的谷歌和苹果的应用商店后，2020 年 12 月全球下载量最大的非游戏应用程序为抖音及其海外版 TikTok。除短视频社交属性外，抖音也不断拓展着平台的边界，2020 年已发展出中长视频、直播、电商、搜索等多重使用场景。

"短视频第一股"快手在用户与营收方面皆增长稳健。通过春节期间的运营活动，快手产品矩阵日活跃用户接近 5 亿。快手财报显示，截至 2020 年 12 月底，快手 App 日均活跃用户为 2.64 亿，月活为 4.81 亿，相较 2019 年底的 1.76 亿日活和 3.3 亿的月活有明显增长，但相较于 2020 年 9 月 2.62 亿的日活与 4.83 亿的月活基本持平或有轻微回落。快手财报显示，2020 年全年快手总营收为 587.8 亿元，同比增长 50.2%。其中线上营销服务收入达 219 亿元，同比增长 194.6%，占总收入的比重从 2019 年的 19% 提高至 2020 年的 37.2%。在第四季度，线上营销服务首次超过直播业务的贡献，成为快手最大的收入来源。由此看出，快手正在突破其下沉市场的定位限制，在商业化上表现积极。

短视频这一流量高地一直不断吸引着越来越多的入局者。经过对短视频领域"微视 App"和"时刻视频"的多年经营，微信于 2020 年 1 月 22 日推出"视频号"开始内测。其背靠微信巨大流量池实现了迅速成长，目前日均活跃用户已超 2 亿，成绩可观，未来有望获得更大发展。与此同时，短视频领域的竞争也逐渐白热化，尽管微博最早布局的"秒拍"大获成功，但高开低走，随后的"微博故事"以及 2020 年上线的"视频号"效果并不突出，与头部短视频平台的距离逐渐拉大。

2. 双微一抖占领头部市场，争先丰富社交生态

微信、微博、抖音三大社交平台"巨头"的用户规模增长空间基本触顶，2020 年已进入到拉长使用时长和提高用户留存的流量深耕阶段，进攻彼此社交城池动作频繁。

尽管微信这一"老牌"社交媒体渗透率已达到天花板，但疫情的到来使月活跃账户数又迎来一波小幅增长。腾讯控股财报显示，2020 年全年，微信及 WeChat 的合并月活账户数增速先升后降，直至第四季度月活账户数已达到 12.25 亿。腾讯社交及其他广告收入增长 29% 至 680 亿元，主要受微信广告库存增加及移动广告联盟中视频化广告收入增长推动。与此同时，小程序、视频号的成绩也十分亮眼。微信方面对外表示，2020 年小程序日活 4 亿，渗透率达到 87.9%，整体年交易额同比增长超 100%。2020 年底，依托 12 亿月活流量池的视频号日活突破 2.8 亿，产品迭代、用户增长、商业化的速度迅猛，大获成功。一方面，视频号的公域流量和公众号的私域流量的深度打通意味着微信社交生态内部各流量枢纽实现进一步的整合；另一方面，视频号与小程序的

组合将促进品牌的拉新与转化。腾讯在财报中称，视频号扩大了企业及品牌的受众范围并促进交易，其中小程序的打通成效尤为明显，新赛道的不断加持，使得微信的社交生态逐渐打通和完善。

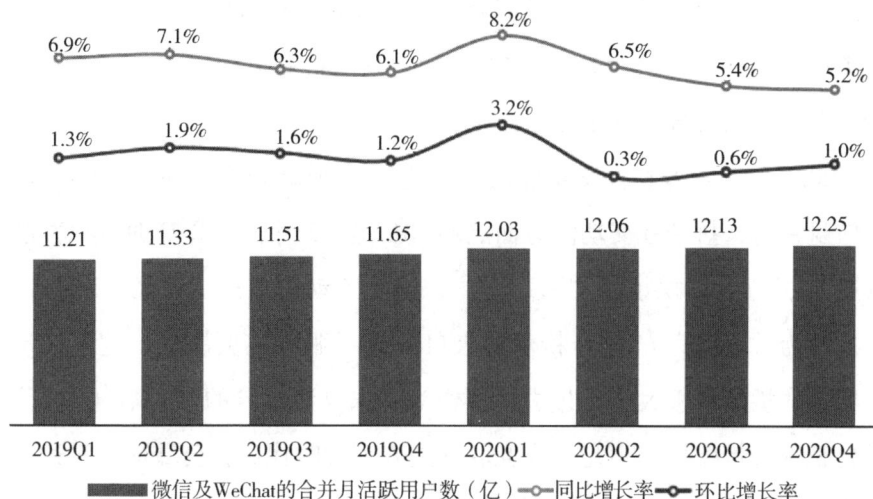

图3-11 2019Q1—2020Q4 微信及 WeChat 月活跃账户数及增长率[①]

（数据来源：腾讯财报，2020 年 12 月）

微博 App 的 2020 年用户规模稳定增长，但广告营收方面表现稍逊一筹。据财报显示，截至 2020 年 12 月底，微博日均活跃用户 2.25 亿，较去年年底增长约 300 万；月均活跃用户 5.21 亿，较去年年底增长约500 万。其中 2020 年春节期间，微博信息流的曝光量同比增长一倍，流量增长一部分来自回流用户，另一部分来自新用户的加入，这进一步丰富了微博多元化内容生态。财报显示，微博全年总营收为 16.9 亿美

---

① 199IT 数据 . 2019 年 Q1—2020 年 Q4 微信及 WeChat 月活跃账户数及增长率［R/OL］.
http：//www. 199it. com/archives/1222478. html.

元，同比下降 4%。其中，广告和营销营收为 14.9 亿美元，同比下降 3%。对于广告收入的下滑，财报解释是受疫情冲击上半年品牌用户整体营销预算削减导致。微博尽管在平台机制和内容属性上有其独特优势，但无论是用户活跃度抑或商业化路径方面，都面临着其他社交媒体巨头环伺"分流"。尽管微博在短视频、话题机制方面推出了一些新举措，但目前来看数据并不亮眼。

2021 年，抖音在社交功能的完善上有多个新动作。在抖音链接被微信封杀时，抖音社交功能方面的弱势凸显。2 月，抖音赞助央视春晚 12 亿元，力推"视频朋友圈"定位，当晚互动总数达 703 亿。3 月底，之前较为"隐蔽"的抖音粉丝群入口开放了账号主页展示，这一推动社群化的举措将极大弥补过去抖音作为一家算法主导的"内容＋电商"平台私域流量模块的不足。在互联网进入存量时代后，公域流量触达成本不断上涨，在一定程度上阻碍了商家进行运营、留存与转化，从互联网营销角度来看，未来社群内营销广告的有效转化率或将更高。早在 2020 年 9 月，抖音上线"同城""朋友""日常"等模块，2021 年 5 月，上线了抖音好友间的视频通话功能，熟人用户间的社交关系链得到不断丰富，由此抖音平台的社交布局分为陌生人社交和熟人社交两支。与此同时，在搜索和支付业务方面，抖音也在迎头赶上。2021 年，抖音打出"视频搜索，就在抖音"的口号，强化搜索定位，减少搜索场景用户流失。2021 年 1 月，抖音支付上线，以便进一步完善平台商业生态和电商发展。总体看来，抖音朝着"内容＋社交＋电商"方向不断完善，意欲打造独立成熟的社交媒体平台。

（二）传统媒体重焕活力

1. 广电媒体彰显专业优势，加速数字化转型

疫情发生使人们资讯类信息需求显著提高，具有专业新闻优势的传统官方媒体凭借其权威、准确、全面的新闻报道及科普宣传再次占据人们注意力的中心，权威媒体在重大公共卫生事件中的"四力"价值得到凸显。据国家广播电视总局广播电视节目收视综合评价大数据系统（CVB）统计，2020 年 1 月 25 日—2 月 29 日，全国有线电视和 IPTV 较去年 12 月份日均收看用户数上涨 23.8%，收视总时长上涨 40.1%，电视机前每日户均观看时长近 7 小时，其中央媒收视时长增长超 70%。

疫情到来同时也为传统媒体转换赛道、加速数字化转型提供了新机遇。在短视频的浪潮之下，各家主流媒体加速进入短视频赛道，通过广电 MCN 化、栏目化长为短、主持人 IP 打造等方式加快融合转型。CTR 发布的《2020 年主流媒体融合传播效果年度报告》[①] 显示，2020 年，38 家广电机构的短视频账户千万粉丝级别的数量由年初 15 个增加至 25 个，百万级账号数量增长一倍。"人民日报""央视新闻"抖音粉丝量已双双破亿，四川台的"四川观察"在 2020 年异军突起，以超 4000 万的粉丝量位居省级广电抖音号第一。

广电 MCN 已经成为传统媒体深化融媒改革的重要抓手。湖南娱乐 MCN 率先入局，随后浙江广电、黑龙江广电、山东广电等十余家地方广电纷纷依托公司化经营组建 MCN 机构。2020 年 1 月，浙江民生休闲频道基于其热门栏目《1818 黄金眼》，成立"黄金眼 MCN"，入驻抖音、快手等短视频平台，通过推出一系列高质量热门新闻短视频作品，

[①] CTR 媒介智讯 . 2020 年主流媒体融合传播效果年度报告［R/OL］. http://news.cctv.com/2021/02/02/ARTIKPTyquTYK3toUljM56j4210202.shtml.

各平台粉丝总数累计已达千万。作为浙江广电集团综合类 MCN 机构，"黄金眼 MCN"同时布局短视频孵化、电商直播、账号代运营、职业技能培训、品牌全案打造等领域，多样化、多赛道投入互联网传播竞争。但总体上，广电 MCN 的发展仍处于初期阶段。第一，就传播效果来看，广电 MCN 短视频账号成为头部 KOL 的仍然较少，创造更具影响力的内容产品仍为重中之重；第二，"贴钱做短视频的现状还没有改变"，直播带货等流量变现手段的时机仍不成熟，推出商业化内容与广电媒体形象存在冲突，成熟稳健的短视频商业模式仍需探索，因而通过转战短视频平台来缓解传统媒体的经营困境仍需时日。

2. 纸媒再迎生死局，转型成功皆幸存

据统计，2020 年有近 30 家纸媒宣布停刊或休刊。在纸媒"寒冬"的大背景下，受疫情影响，媒体经营收入进一步下滑。但 2020 年《中国新闻周刊》的营收仍实现了总体 6% 的增长，其中新媒体营收占总营收的 70%，同比增长 20%。2009 年，《中国新闻周刊》入驻新浪微博，是最早一批入驻的传统媒体之一，如今微博拥有粉丝 5787 万，较早开展融媒改革为其从疫情冲击中平稳过渡提供了积淀。在内容转型之外，服务创新和组织再造也是传统纸媒转型创新的选项之一。2020 年，受疫情影响，媒体线下活动被取消或延迟，《经济观察报》主动调整经营策略，将线下活动迁移至线上，开展线上沙龙，推出短视频作品，开展上百场直播，2020 年视频和直播等线上业务快速增长大大缓解了经营压力；其商业服务也从单纯的广告宣传，升级到深度的品牌服务，为品牌主提供个性化、定制化的全套服务。如今仍然"幸存"的纸媒无不是成功实现融媒体改革的，而传统纸媒已经不只是围绕一张报纸在运转，已经成为全媒体内容传播、提供多样化服务的互联网公司。

3. 线下媒体再复苏

疫情发生使传统线下媒介广告投放呈现先抑后扬的特点。2020 年
上半年，疫情期间封闭式管理让人们的活动范围大受限制，传统户外广
告、电梯、影院等广告大幅下降。根据 CTR 数据①显示，2020 年 2 月，
唯有电梯 LCD 仍保持同比增长 0.9%，电梯海报、传统户外同比皆为负
增长。

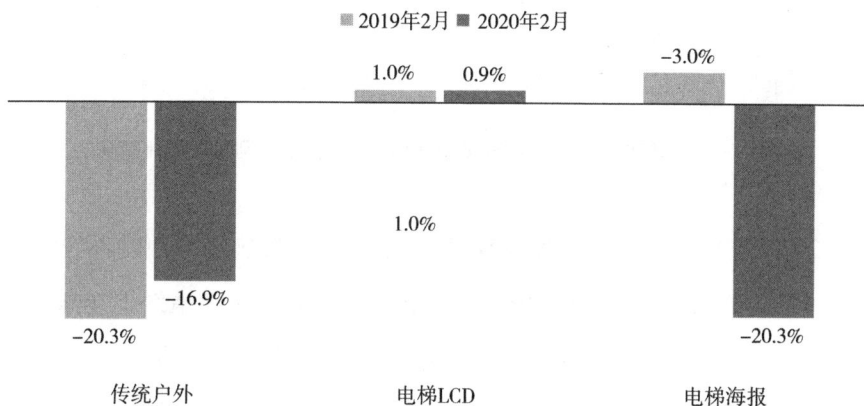

图 3 - 12　2019 年 2 月与 2020 年 2 月户外广告刊例花费同比变化

2020 年下半年，随着复产复工有序进行，线下媒介投放逐渐恢复，
呈现后疫情的报复性增长。CTR 媒介智讯的数据②显示，2020 年 10 月
传统户外广告花费相比去年的负增长实现逆转，同比增长为 7.3%；而
电梯 LCD 和电梯海报广告花费增幅均超过 40%；随着各地影院逐步开
放和排片量的增加，10 月份影院视频广告花费同比增长为 8.0%。另

---

① CTR 媒介智讯. 2020 年 2 月户外广告观察报告 ［R/OL］. http：//www. 199it. com/ar-
chives/1034734. html.

② CTR 媒介智讯. 2020 年 10 月户外广告观察报告 ［R/OL］. http：//www. 199it. com/
archives/1169246. html.

外，在线化智能投放也给户外广告复苏提供了机遇。

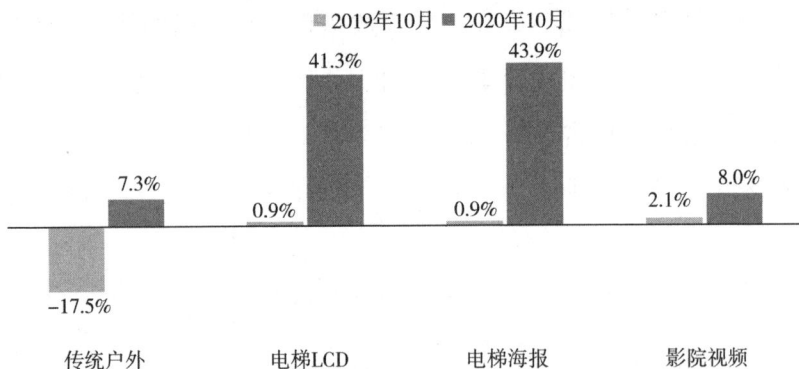

■2019年10月 ■2020年10月

图3-13 2019年10月与2020年10月户外广告刊例花费同比变化

2021年5月，京东与奥克斯联手打造了"为热爱，心跳不止"奥克斯空调超级品牌日活动，依托京东营销360旗下全渠道线下场景营销品牌京屏果，实现线上线下联动营销，助力奥克斯与目标用户无间互联。京屏果将经过标签化处理的奥克斯TA人群包导入资源智选系统，基于强大的LBS定向能力，由系统即时产出奥克斯目标人群在地图中目标区域的人群浓度，结合品牌青睐的目标城市，京屏果最终锁定上海、广州、深圳、杭州、苏州等TA出现频率最高的社区及生活服务场景进行营销投放。京屏果借助高浓人群POI搭建起品牌营销主阵地，并运用系统进行精细化场景广告投放，从而实现品牌信息与目标用户的精准衔接，有效打破奥克斯线下场景营销壁垒，让户外广告的精准定向营销成为可能。

营销场景选定后，京屏果通过整合包含社区、生活服务等场景的电梯海报、电梯电视屏、门禁屏、京屏小店等众多优质媒体资源，帮助奥克斯全方位覆盖目标群体的活动范围，使奥克斯品牌信息高频、高效、高精准度地触达影响目标用户，强化影响消费者心智，进一步带动奥克斯产品转化率，并提升奥克斯在用户心中的品牌价值与口碑。

京屏果还特别借助了重点资源——京屏小店进行品牌的场景化传播。作为京屏果重磅推荐的交互型广告产品，京屏小店在待机状态下全屏展示奥克斯超品日活动页面，在用户进行浏览和点触的阶段，京屏小店即展现更多样的交互内容，充分帮助奥克斯吸引消费者进行商品搜索、商详查看、扫码下单、注册会员等自助操作。京屏小店通过其丰富的广告形式，翔实地展现内容，强大的交互能力，在本次合作中帮助奥克斯实现了更好的传播曝光与转化。

京屏小店场景化的触达能力，叠加京屏果的精准投放功能，使其成为品牌影响用户的全新流量触点。

为进一步强化户外场景广告的投放效果，京屏果与京东数坊打通数据，两大平台持续联动，帮助奥克斯进行线下场景营销的精准评估及持续化的资产运营，京屏果通过运用全景投放指标量化分析和 AB test 对照分析等多种科学化的分析方法，帮助奥克斯更全面地掌握超品日营销效果，对目标人群有了更加清晰的认知，让品牌营销过程更具体，也让品牌营销效果更翔实。

通过本次合作，京屏果帮助奥克斯实现了曝光、触达、"种草"、转化的链路化营销目标的同时，也积累下了宝贵的营销数据资产。

第四章

互联网营销的政策环境

互联网营销市场的繁荣并不意味着资本可以因此实现无序扩张。中国国家市场监督管理总局指控阿里巴巴违反《反垄断法》并对其罚款182.28亿元人民币，美国通过《保护合法流媒体法案》严厉打击互联网营销欺诈行为，违法者最高面临10年监禁……监管部门的这一系列处罚给广告营销市场敲响了警钟。从消费者个人权益以及个人隐私、创作者的版权保护再到整个广告市场的内容审查，中国消费者协会、中国国家市场监督管理总局以及欧盟委员会等相关部门通过完善法律体系来规范国内外市场的经营规则、杜绝数据造假等违法违规现象，促使相关平台开展合理正当竞争。

一、新发布的政策和法律法规

（一）中国政策和法律法规

1.《中华人民共和国广告法》的修订：简化了行政流程，便利了广告业务的开展

2021年4月29日，第十三届全国人民代表大会常务委员会第二十八次会议通过了全国人民代表大会常务委员会关于修改《中华人民共和国广告法》的决定，删除了广告发布需要"向县级以上地方市场监督管理部门办理广告发布登记"和"吊销广告发布登记证件"的规定，

总体上简化了行政审批程序，为广告业务的开展提供了更多便利，有利于传统广告媒体与互联网广告共享广告业发展的新成果。

2.《广告业统计调查制度》的发布：全面掌握广告业发展情况

2020 年 4 月，国家统计局依据《中华人民共和国统计法》《国务院办公厅转发统计局关于加强和完善服务业统计工作意见的通知》的有关要求，发布《广告业统计调查制度》，调查从事广告业务的企业、事业单位的基本情况和广告业务经营情况。

在该文件指导下，国家市场监督管理总局广告监督管理司分别于 2020 年 5 月和 12 月发布《市场监管总局办公厅关于开展 2019—2020 年度全国广告业统计工作的通知》和《市场监管总局办公厅关于开展 2020—2021 年度全国广告业统计工作的通知》，对从事广告业务的企事业单位进行调查，切实履行市场监督管理部门指导广告业发展的职责，为全面掌握广告业基本情况和各级政府制定合理的产业政策提供依据，并为国民经济核算提供广告业基础数据。政府对广告行业的整体发展和未来规划有了更深入的把握。

3. 2020 网络市场监管专项行动（网剑行动）启动：净化网络市场环境

2020 年 10 月，国家市场监督管理总局网络交易监督管理司发布《关于印发 2020 网络市场监管专项行动（网剑行动）方案的通知》，强调强化互联网广告监管，维护互联网广告市场秩序，集中整治社会影响大、覆盖面广的门户网站、搜索引擎、电子商务平台、移动客户端和新媒体账户等互联网媒介上发布违法广告行为，重点查处医疗、药品、保健食品、房地产、金融投资理财等关系人民群众身体健康和财产安全的虚假违法广告，尤其是疫情期间涉及防疫用品、生活物资等的虚假违法广告，加大执法办案力度，查办、曝光一批大案要案。

各地监管部门积极响应并落实，查处了一批互联网违法案件。如山东可可映画文化创意工作室发布含有违法信息的广告被行政处罚并罚款、广州天拓网络技术有限公司"趣头条"平台因关联广告违法被调查。监管和整治力度的加大体现了我国政府不断净化网络市场环境、保护消费者和经营者合法权益的决心，有利于维护公平有序市场环境，促进网络经济健康发展。

4.《加强网络直播营销活动监管指导意见》的发布：严格管理新形式营销活动

2020年以来，受新冠肺炎疫情影响，网络直播营销成为备受各行各业关注的营销方式，发展十分迅速，伴随而来的各类问题也日益凸显。中国消费者协会于2020年开展了《网络直播侵害消费者权益类型化研究》，归纳出虚假宣传、退换货难、销售违禁产品、利用"专拍链接"误导消费者、诱导场外交易、滥用极限词、直播内容违法7类网络直播销售中存在的侵害消费者权益行为的主要类型，其中虚假宣传高居榜首。

在此背景下，国家市场监管总局于2020年11月发布《市场监管总局关于加强网络直播营销活动监管的指导意见》。在新的发展形势下，该指导意见对直播带货的定性、电商平台的管理都更加明确和精细。电商方面，新增"网络服务提供者"的表述，区分了"电商平台经营者"和"网络服务提供者"，并且对电商业态做了分类管理，既考虑到传统电商平台，也兼顾到新类型有电商商业化的短视频平台，还涵盖了新兴的去中心化的电商技术提供的商业模式，科学合理地分配了不同平台下的法律责任和义务。广告方面，区分广告内容与非广告内容，扭转了最初一刀切地认为"直播带货是广告"的惯性思维，明确了平台承担广告发布者或广告经营者责任的前提要件。

文件中除了提出压实网络平台、商品经营者、网络直播者的法律责任，规范商品或服务营销范围等要求外，也强调规范网络直播中的广告审查发布。意见明确，在网络直播营销活动中发布广告应严格遵守广告审查有关规定，未经审查不得发布医疗、药品、医疗器械、农药、兽药、保健食品和特殊医学用途配方食品等法律、行政法规规定应当进行发布前审查的广告。同时，针对网络直播营销中发布虚假违法广告问题，应依据《广告法》重点查处发布虚假广告、发布违背社会良好风尚的违法广告和违规广告代言等违法行为。这将促进直播营销行业在多方共治的努力下健康、有序、长久发展。

5. 整治虚假违法广告工作要点相继出台：多部门合作加大虚假违法互联网广告查处力度

2020 年 3 月，国家市场监管总局发布《市场监管总局等十一部门关于印发〈整治虚假违法广告部际联席会议 2020 年工作要点〉和〈整治虚假违法广告部际联席会议工作制度〉的通知》，文件和通知中的规定与互联网广告关系密切，强调加强广告新兴业态监管，突出重点平台、重点媒介，加大监测监管力度，坚决遏制移动 App、自媒体账号等虚假违法广告多发、易发态势。文件中还明确了相关部门的工作，要求市场监管部门突出移动端广告监管，进一步系统治理互联网广告，巩固深化互联网广告专项整治成果，同时推进修订《互联网广告管理暂行办法》。

在地方层面，也有不少省（区、市）出台相关政策来规范营销市场的发展。2021 年 2 月 25 日，上海市整治虚假违法广告联席会议召开年度会议，审议通过了《2021 年上海市整治虚假违法广告工作要点》，强调了对广告的监管，规范广告代言行为等内容，还重点提出加强网络直播营销活动监管，开展网络直播广告的监测，查处网络直播营销活动中的虚假违法广告宣传；3月5日，山东省市场监管局召开2021年度第一次省整治虚假违法广告联席会议，修订印发《山东省整治虚假违法广告联席会议工作制度》，指出要加大对妨害社会安定、损害社会公共利益违法商业宣传行为的查处力度，依法查处低俗、庸俗、媚俗商业营销宣传行为，加强重点媒体监管，加大对互联网平台企业等市场主体的行政指导力度。各级政府加大对互联网中虚假违法广告的打击力度，净化互联网空间，互联网广告监管也成为各地市场监管部门未来工作的一大重点。

（二）美国政策和法律法规

1.《加州隐私权法案》（或称第24号提案）：市场监管者将更加注重消费者的隐私保护

在2020年11月获得多数选民投票支持的《加州隐私权法案》（California Privacy Rights Act，CPRA）也被称为第24号提案（Proposition 24），该法案是《加利福尼亚州消费者隐私保护法案》（California Consumer Privacy Act of 2018，CCPA）的修改与订正版本。CPRA 的生效日期为2023年1月1日，一旦生效，CPRA 将适用于2022年1月1日后收集的个人信息。CCPA 于2018年6月28日签署公布，该法案旨在加强消费者隐私权和数据安全保护，被认为是美国国内最严格的隐私立法。而关于"美国国内最严格"这一点，从"加州政府有权对违法企业给予罚款，而每次违法行为将被处以7500美元的罚款"这一条款即可见一斑。CCPA 原定于2020年1月1日生效，但是最终实施细则在生效之后又进行了多次修改。

目前仍在审查的因素之一是实施关于条例中"不出售消费者的个人信息"的要求，这就允许加州消费者可以选择不向第三方出售（即以金钱或其他有价值的代价共享）他们的个人信息。但是目前还没有准确的条例规定广告方的哪些行为构成"出售消费者数据"。基于此，许多广告商采取了一种相对保守的方法，即认为广告方以营利为目的与第三方分享广告的行为会被视为一种出售。而 CPRA 为企业提供了新的和加强的隐私权和要求，特别是，该法案强调了 CCPA 的"不得出售"权利，以阻止出售或共享个人信息。这意味着 CPRA 明确给予消费者选择不共享这种类型信息的权利。

而在《加州隐私权法案》以及《加利福尼亚州消费者隐私保护法案》之前，美国还颁布了《通用数据保护条例》（General Data Protection Regulation，GDPR，欧盟议会于 2016 年 4 月 14 日通过），并一直严格执行。例如 2019 年 7 月 8 日，英国信息监管局发表声明，对违反该条例的英国航空公司处以罚款 1.8339 亿英镑（约合 15.8 亿元人民币）的惩罚。相较于 GDPR 的基于监管者立场，CCPA 和 CPRA 更偏向于消费者的立场，侧重规范数据的商业化利用。不少媒体对此评论，随着加州隐私法的更新，以及其他州隐私法的颁布，国会可能会着手制定联邦隐私法，这就意味着在广告营销领域，市场监管者将更加注重消费者的隐私保护。

2.《通信规范法案》的修订：提高对互联网传播内容的审查

2020 年 9 月 23 日，美国司法部提出立法提案，对《通信规范法》（Communications Decency Act，CDA）第 230 条进行修改，该条法案通过的时候，互联网还处于起步阶段，脸书（Facebook）、推特（Twitter）甚至谷歌（Google）都还没有开始流行。但是在经过了二十多年的发展，互联网发生了巨大变化，立法提案谈及在这种背景下该法案已经不适宜继续为在线平台提供太多的豁免权，因此立法提案建议对在线平台内容审查责任进行修改。司法部确定了该法案中四个需要改革的领域：

①激励在线平台处理非法内容；②明确联邦政府应对非法内容的执法能力；③促进竞争；④促进公开讨论和更高的透明度。

美国正式提出修改这一条法案并不是毫无根据的。在过去一年，许多法案都提出需要限制第 230 条的豁免权。2020 年 5 月 26 日，特朗普在推特上发布的关于潜在的选民的欺诈言论被平台打上需"事实核查"（Fact Checker）的标签，为此，特朗普签署了《关于防止网络审查的行政命令》（Executive Order on Preventing online Censorship），试图限制第 230 条在互联网上的保护领域。特朗普在 29 日还发布了一条内容为"REVOKE 230！"的推文，指责互联网平台对公民言论的审核属于违宪行为。该事件引起了美国相关部门对第 230 条的讨论，同年 6 月，美国司法部发布了呼吁国会修改第 230 条的意见书，参议院还提出了《限制第 230 免责条款法案》（Limiting Section 230 Immunity to Good Samaritans Act），提议限制受第 230 条法案保护的大型互联网公司所受到的豁免权。

3. 《数字千年版权法》的修订：加大对原作者的版权保护

《数字千年版权法》也被称为《千禧年数字版权法》（Digital Millennium Copyright Act），在 1998 年通过施行后，美国每三年都会对这一法案进行一次集中修正，并颁发免责令。此前，参议院司法委员会的知识产权小组正考虑修订《数字千年版权法》以作为《版权法》改革的一部分。2020 年 12 月底，美国参议院司法知识产权小组委员会主席正式发布了《2021 年数字版权法》的草案，该法案提议降低在线服务提供商利用安全港的知识要求，要求在合理的情况下监控侵权行为，版权注册由总统指定，保护期为 5 年。该法案还增加了一个新的部分，要求非作者的版权拥有者将版权信息额外添加到数字副本上，此举主要是为了保护原作者的权益，即当有人删除或更改了版权信息时，可以向受版权保护的原作者提供合法诉讼权。

4.《2020 合法流媒体保护法案》：严厉打击互联网营销欺诈行为，最高面临 10 年监禁

美国的《2020 合法流媒体保护法案》（Protecting Lawful Streaming Act of 2020）是一项单独的适用于刑事案件法案，旨在加大对盗版、欺诈消费者行为的刑事处罚力度。该法案针对的不是单个流媒体，而是整个互联网的数字传输服务，该法案将适用对象定义为"以数字传输（即流媒体）渠道公开表演作品为主要目的的服务"。该法案表示，在线视频盗版行为每年给美国经济带来数十亿美元的损失，直接影响了美国电影、电视、音乐、有声读物、体育直播和按次付费节目等产业。因此，侵害版权所有者的复制和发行权可被控告为重罪，任何违反规定的人将面临罚款和最高 3 年监禁，惯犯可能面临最高 10 年的监禁。例如，2020 年 12 月，美国联邦贸易委员会首次宣布对欺骗性营销的产品进行执法打击，对市场上六家声称"可治疗癌症和阿尔茨海默氏症等严重健康状况"等无根据声明的销售商采取法律惩罚。

二、政策和法律法规的执行与监管效果

（一）加大对创作者的版权保护、消费者的隐私保障，同时严厉打击营销市场中的欺诈行为

继上述政策和法律法规发布实施之后，在行动层面，国内外多部门单位联合展开各类专项工作。首先，在用户端，监管部门更加注重消费者权益，部分地区通过加强立法的方式来保障消费者基本权益，特别是在隐私权方面，不管是美国的《加州隐私权法案》还是中国的《中华人民共和国广告法》，都强调了不得滥用消费者数据，这意味着市场监

管者在未来发展中将会越来越重视消费者的隐私保护，并且会加大对企业违法的惩罚力度。其次，在内容创作者方面，美国在 2020 年 12 月底修订了《数字千年版权法》，加大对原作者的版权保护。在中国，随着郭敬明、于正等人公开承认抄袭并且向原作者道歉等系列行为也从另一方面说明市场正在逐步净化不良风气，从保护创作者版权的层面来促进公开公正广告市场的竞争；最后，在广告主方面，国家市场监督管理总局等部门均强调要遵守广告发布流程、加大监测监管力度，坚决遏制移动 App、自媒体账号等虚假违法广告多发、易发态势，督促互联网平台自觉履行法定义务和责任，核查有关证明文件和广告内容，及时制止发布虚假违法广告行为。

（二）依据《反垄断法》对阿里巴巴、苹果公司等巨头做出处罚，限制资本的无序扩张

除了内容监管、消费者隐私保护以及创作者的版权保护，政府也对营销领域的一系列垄断行为做出了整治以及纠正。2021 年 4 月 10 日，国家市场监督管理总局指控电子商务巨头阿里巴巴集团违反《反垄断法》，对其罚款 182.28 亿元人民币（27.8 亿美元），此一金额在中国《反垄断法》历来案件中最高。国家市场监督管理总局表示，阿里巴巴滥用自己于中国境内网络零售平台服务市场的支配地位，禁止或限制平台内商家到其他平台开店，通过"二选一"的强制规定来获得不正当的竞争优势，侵害了平台内商家以及消费者的合法权益。阿里巴巴回应表示，对于处罚"诚恳接受，坚决服从"，"将强化依法经营，进一步加强合规体系建设，立足创新发展，更好履行社会责任"。对此，央视网评论指出，此举是国家限制资本无序扩张的有效举措，也是对平台企业违法违规行为的有效规范。

无独有偶，欧盟也对苹果公司进行了调查。此前，欧盟委员会对苹果滥用其在 App Store 中分销音乐流应用程序的主导地位提出质疑，并认为苹果在音乐流媒体市场中开展了不正当竞争。2021 年 4 月 30 日，欧盟委员会正式对苹果公司发起反垄断诉讼，这也是欧盟首次对苹果公司提起反垄断诉讼。据媒体报道称，这可能导致苹果公司被处以相当于其全球营收 10% 的罚款。苹果公司的财报显示，2020 财年营收约为 2745 亿美元，因此这一罚款金额可能高达 274.5 亿美元（合 1776.83 亿元人民币）。

国内外的这些政策法规有力有效地保护了消费者和创作者的合法权益，规范了相关平台诚信经营、杜绝数据造假等违法违规现象，促使相关平台开展合理正当竞争，并自觉主动遵守政策、法律法规等的要求。

三、政策和法律法规的解读与启示

据了解，互联网广告已成为广告客户的主要投放方式之一，中国是仅次于美国的全球第二大互联网广告市场。国内互联网广告市场仍有巨大的发展空间。与此同时，随着互联网的急速发展，政策和法规也逐渐配套，解读上述政策、各类法律法规、监管情况，可以发现互联网法律法规逐渐完成，呈现不断完善、系统化的趋势。

（一）制约市场乱象，促进互联网营销市场健康发展

新政策的实施对目前市场无序乱象起到了一定的制约以及警示作用，通过不断完善法律法规体系促进了市场绿色发展。2017 年 6 月 1 日，《网络安全法》《中华人民共和国互联网信息服务管理规定》《关于进一步加强网络视听节目创作播出管理的通知》正式施行。2019 年 12 月 20 日，《网络信息内容生态治理规定》发布，互联网内容管理再次

提升水平。2020 年随着短视频电商直播的发展，中国广告协会发布《网络直播营销行为规范》，进一步明确对于直播营销的规范和约束。随着互联网广告数量和技术内容的不断丰富与发展，国家不断完善立法，出台了相应的互联网广告行业规范，并将其纳入基层社会治理，以促进互联网广告的绿色发展。自 2015 年以来，剑网行动也不断升级，国家相关责任部门开展各类专项整治工作，针对互联网广告存在的各类问题零容忍、快处罚。2017 年，全国互联网广告监测中心正式启动，对全国重点网站、广告联盟和电商平台广告数据进行监测，这不仅提高了互联网广告的监管效率，也对违法行为具有很大的震慑作用。互联网时代，广告的内容、形式较传统广告已有很大差别，法规的不断完善、与时俱进，对当前互联网广告的乱象有一定的警示和制约作用，互联网法规体系的不断完善促进了市场的绿色发展。

（二）搭建多主体共治模式，形成多维度、多思路监管体系

互联网时代，广告内容的丰富性和变化性不断扩充，技术的应用也使得广告形式千变万化，针对互联网广告的新变化，监管力度也在不断提升。监管部门应用互联网技术形成有效的监管策略，搭建多维度、多思路的监管体系，利用大数据技术提升监管效率，提升有效监管，从而综合提升对互联网广告的专项整治能力。

首先，政府之间、政府与企业之间的信息共享机制不断推进，形成政府、企业、个人、社会组织等多位一体的治理格局。互联网广告治理推动各利益相关方积极有序地参与互联网治理，从而达到健康发展、和谐生存的目的。

其次，充分发挥用户的主观能动性，让互联网广告安全和规范意识深入人心，提高广大群众对违法广告的免疫力，实现用户的自我教育、

自我防卫、明辨是非。除此之外，广大网民也主动参与到互联网广告治理中来。在以人工智能、大数据、5G 等新一代通信和信息技术为标志的新一轮数字化浪潮中，互联网广告面临着新型冲突增加，呈现扩大化、多样化和智能化的趋势，而用户的积极参与，提升了互联网广告治理的效果。

再次，数据安全立法工作有序展开，制定了数据收集、使用和处理等全生命周期管理的办法，明确数据持有者的安全保护义务和责任，对于广告违法采集数据、采集隐私的行为零容忍。相关部门定期开展的数据使用安全状况监测和风险评估，引导企业等单位规范自身行为，加强数据资源在收集、传输、存储、处理、共享、销毁等环节的安全管理。

最后，互联网广告企业内部管理逐渐增强，在网络广告治理中充分履行应有的责任。一方面，企业严格遵守互联网广告的相关规定，对投放的广告进行严格的自查和质量监管，自觉接受政府部门监管和群众监督，以便更好地服务社会。另一方面，互联网广告企业作为数据中心，掌握着最全面的交易信息，在运营中逐步做到规避用户隐私信息泄露，确保用户安全。例如，微博不定期开展的"微博专项整治"，处置了一大批恶意营销、违法违规账号，对互联网广告生态净化有一定作用。

（三）增强广告监管，及时落地治理行动

政策和法律法规的颁布执行，对于互联网广告市场、整个广告市场的监督、管理水平与效果而言，起着保障性、支撑性的作用。

回顾 2020 年，广告领域法律法规监管增强，治理行动得到了较好的落实。2020 年 1 月 14 日，国家广播电视总局广告监管司发布 2020 年工作要点，为全年广告监管工作指明了方向，给予市场稳定的心理预期。要点是将加强广告导向监管摆在首位，并筹建全国广告道德委员

会；突出药品保健食品、移动端互联网广告、"三品一械"广告等重点领域的审查指导；建立广告领域失信联合惩戒机制、统一广告监测平台、优化广告产业发展顶层设计；加快修订《互联网广告管理暂行办法》，开展《广告法》修订前期研究工作。2020 年 12 月 19 日，中国广告协会北京大学电子商务法年会上发布我国首个专门应用于互联网广告的设备标识规范——《移动互联网广告标识技术规范》（T/CAAAD 003— 2020），标志着我国互联网广告业标准化工作迈上新台阶。

从年度典型的案例分析中可以发现，互联网存量竞争下网络广告行业存在流量焦虑。如 2020 年初，抖音发现快手在百度、小米应用商店等平台推广中多次使用今日头条等相关产品品牌为快手产品导流。在相关应用商店搜索"头条""剪映下载"等，出现的均为快手下载链接。3 月，抖音起诉快手，索赔 1500 万元。5 月，快手因认为在第三方 App 中搜索"快手"二字，置顶搜索结果为"抖音短视频"，快手将抖音诉至法院，要求其停止侵权行为，并索赔 500 万元。目前案件均在审理中。

互联网广告治理行动的落地表现在以下几个方面。首先，要求广告必须具备可识别性，使消费者能够辨明其为广告。付费搜索广告应当与自然搜索结果有明显区分。

其次，互联网广告不得影响用户正常使用网络。在互联网页面以弹出等形式发布的广告，应当显著标明关闭标志，确保一键关闭。不得以欺骗方式诱使用户点击广告内容。未经允许，不得在用户发送的电子邮件中附加广告或者广告链接。

最后，互联网广告发布者、广告经营者应当按照国家有关规定建立、健全互联网广告业务的承接登记、审核、档案管理制度；审核查验并登记广告主的名称、地址和有效联系方式等主体身份信息，建立登记档案并定期核实更新；应当查验有关证明文件，核对广告内容，对内容不符或者证明文件不全的广告，不得设计、制作、代理、发布；应当配备熟悉广告法规的广告审查人员；有条件的还应当设立专门机构，负责互联网广告的审查。

（四）加大对违法广告的打击力度，正确引导市场规则

在新冠肺炎疫情防控期间，一些地方市场监督管理局发布了疫情防控期间对广告、互联网广告进行管理的文件。可以发现，这些新冠肺炎疫情防控期间的政策，不仅对于特殊时期的特殊要求、特殊需求进行了有针对性的、较为及时和充分的指导、引导、规范，还成为政策体系的有机组成部分，加强了对广告管理的力度，也更有效地进行了方向的引导、规范。如 2020 年新冠肺炎疫情发生，防疫物资需求大增，一些不良商家开始借机发布虚假广告，如一些涉事网店在口罩销售页面发布了"99.97% 过滤率""特邀国务院环保专家""医用灭菌级""防流感""防病菌防毒""对于 0.1 微米和 0.3 微米的有效率达到 99.7%""超长使用寿命 5000 小时"等 19 种未经证实的虚假宣传广告用语。

2021 年，交通运输执法部门加大对网约车和巡游出租车疫情防控的监督检查。1 月 1 日以来，相关部门共出动执法人员 5913 人次，检查网约出租汽车平台、巡游出租汽车企业、驾驶员疫情防控措施落实情况 7626 次；查处网约车平台违法 12 起、网约出租车驾驶员违法 109 起、巡游出租汽车违章 205 起，均从严从重进行了处罚。其中处罚花小猪平台疫情防控措施不落实情况 12 起，罚款 34 万元；处罚滴滴平台驾驶员 96 起，罚款 107 万元。

此外，2021 年是建党百年的重大时间节点，在这期间加强了相关广告管理力度。2021 年 3 月，深圳市市场监管局查处了一宗涉及借庆祝建党 100 周年等名义从事商业炒作牟利的违法广告案件，对案件当事人作出罚款 30 万元的行政处罚。深圳市某文化有限公司微信公众号《拼团，伟大功勋钞币评级封裱办限量开售》和《牛币明日兑换！下一枚建党百年纪念币》的广告软文中，含有"《伟大功勋》，具有重大的历史意义和纪念意义""极高的收藏价值"等借庆祝建党 100 周年等名义从事商业炒作牟利的内容，涉嫌违反《广告法》第九条的规定。

（五）对标国外，不断完善国内互联网广告相关政策和法律法规

将国内有关互联网广告的政策与法律法规同国外相比，可以发现，我国在与互联网广告相关的政策和法律法规领域走在前列，相关政策和法律法规较为成熟和完善。

在互联网广告生态治理方面，2020 年我国国家市场监督管理总局发布的《2020 网络市场监管专项行动（网剑行动）方案》，以网络广告为原点，横轴覆盖门户网站、搜索引擎、电子商务平台、互联网媒介等绝大部分网络广告载体，纵轴包含医疗、药品、保健食品、房地产、金融投资理财等网络广告类别，要求市场监管总局、工业和信息化部、公安部、网信办各部委按职责分工协作加大案件查处力度，基本保证了网络广告无死角治理。我国对于网络广告生态治理，更多聚焦用户的生命财产健康、市场秩序的监管、内容导向的把控，大部分由政府主导发起，平台与协会做有益补充。相比之下，欧美网络广告的生态治理，更多关注选举权利保障等议题，在治理过程中，它们更倾向于由广告平台自发发起网络政治广告的信息公开、网络广告透明度规则等治理行动。在政策与法律法规具体落实方面，我国地方政府在中央的统一领导下开展工作，结合实际情况对中央要求进行调整和完善，有效将相关政策与文件的要求落实到地方。在《2020 网络市场监管专项行动（网剑行动）

方案》等一系列中央文件的指导下，2020 年度各地方政府严格开展广告审查工作，例如，根据山东省市场监管局公布的数据，截至 2020 年 12 月底，山东省相关部门在 2020 年共组织监测各类广告 1194 万条次，依法处置涉嫌违法广告线索 2508 条次，查处各类违法广告案件 1861 件，罚没款 3263 万元。2020 年，受新冠肺炎疫情影响，我国互联网广告行业出现新的发展动态，相关部门及时考察市场情况，出台相关政策和法律法规，国家市场监督管理总局发布《关于加强网络直播营销活动监管的指导意见》，对发展迅猛的网络直播营销活动和网络广告进行规范，可见我国在与互联网广告相关的政策、法律法规制定和调整方面十分及时，真正做到有法可依。

虽然我国在与互联网广告相关的政策、法律法规的制定与落实过程中的表现可圈可点，但国外互联网广告和整个广告领域的成熟法条、范例等，尤其是欧盟和美国等在互联网广告领域、整个广告领域、营销方面的成熟条例，仍然值得我国学习、借鉴，比如，相关权利、义务、责任及其相关权利、义务、责任主体等的确定、定义及彼此关系的表述等方面；监管、限制、处罚的范畴、边界、机制与方式等方面；披露、维权、申诉的方式与渠道等方面；合规路径、国内外数据的流动与流通等方面；以及在条款内容的严谨细化表述等方面。

综上所述，我国 2020 年互联网广告监督管理整体呈现良好的态势，经营单位、市场活动愈渐规范，广告从业人员的法律素养及其他素质水平逐渐提高。

第五章

互联网平台营销创新

随着平台技术、产品圈层、平台生态的迭代与逐步完善，在平台创新的基础之上，借助内容平台、社交平台、电商平台的战略变化，互联网营销迎来了更大的发展机遇。当前互联网平台着力于从以下三方面进行创新：一是在技术层面内外兼修，对内打破数据沟通壁垒，对外以智能服务促进营销效果；二是在产品圈层层面构建认同，以心理连接入圈的同时跨越圈层传播实现破圈；三是平台生态层面，着力构建资源闭环，而内容与策略则追求精准落地，实现差异化营销。在创新的大背景下，不同平台也根据自身特点开展营销。内容平台多鼓励 UGC 创作，积蓄原生流量，主打促进内容社区商业化变现，形成内容创作与消费联动，着力拓展平台差异化价值，实现平台整体商业化繁荣。社交平台加码构建商业化生态，抓住受众需求细分的新风口。电商平台顺应大众需求，疫情以来逐步将消费场景向线上转移，扩展直播电商的价值边界，并以高效平台治理面对当前直播电商本身遭遇的各类根本性发展危机。我们认为未来互联网平台创新的主要趋势有四点，即逐步明确的政策、逐步细分的市场、渐趋多元化的商业模式以及技术迭代的进一步智能化。

一、互联网平台创新特征

（一）互联网平台技术的"内"与"外"

如今人工智能、算法以及大数据的应用已经为互联网平台的营销实践与发展带来变革性的影响。算法分化、数据中台、智能客服等技术成为互联网平台竞争的基础工具，技术支撑为营销策略的个性化、落点的精准化以及效果的最大化提供了基础。通过技术提供智能、高效的服务，让用户在互动与服务中接触产品，已经成为互联网平台营销的重点。正如腾讯云与智慧产业事业群所提出的，服务即营销，通过技术提供更智慧更高效的服务，让每一次客户互动成为生意机会。[①]

1. 内部：打破壁垒实现数据沟通共享

如今数据中台、内容标签化已经成为应用最广泛的营销新技术，前者已经有 56% 广告主应用，后者的覆盖率达 47%[②]，有利于平台各部门间的数据循环，实现多方合作和营销的一体化与个性化。例如，腾讯基于腾讯云企点客的技术能力，搭建起了"北极星"智能客户运营平台，帮助市场部的各团队及时预估价值、跟进活动、调整策略，进而实现各部门间的合作与联动，为用户提供智能且持续的服务。

数据中台是一套可持续"让企业的数据用起来"的机制，一种战略选择和组织形式，是依据企业特有的业务模式和组织架构，通过有形

---

① SocialBeta. CC2021 峰会顺利召开！打破增长焦虑：拥抱产业互联网，为 ToB 营销实践注入技术新动能 ［EB/OL］. https：//socialbeta. com/t/activity－CC2021－ToB－CMO－Tencent－2021－0128.

② SocialBeta. 2021 数字营销趋势全解读，揭秘未来 3 年广告主最关注营销形式 ［EB/OL］. https：//socialbeta. com/t/report－2021－tendency－of－digital－marketing.

的产品和实施方法论支撑，构建一套持续不断把数据变成资产并服务于业务的机制。①

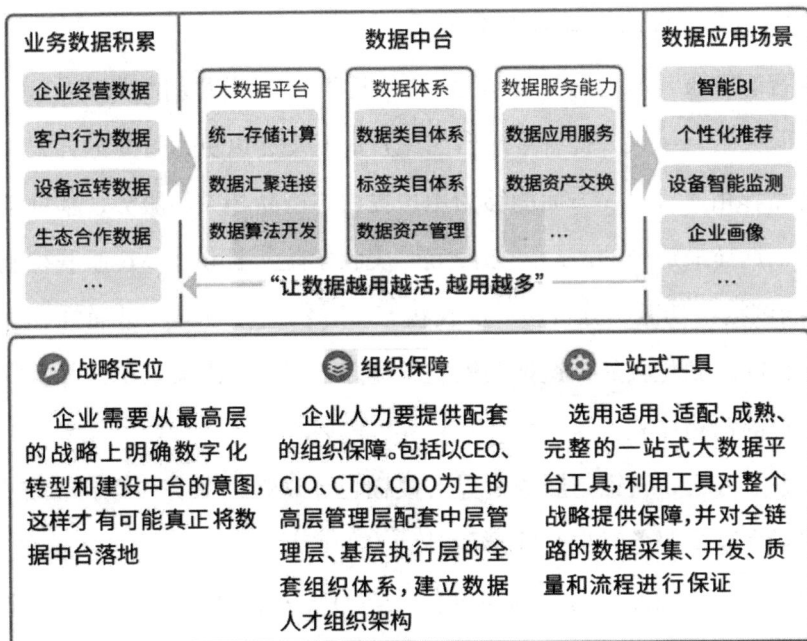

图 5-1　数据中台（图源：知乎）

数据的搭建为营销效果及收益的量化提供了基础，能够帮助平台从多个维度进行战略调整和复盘，大大提升了决策的效率与质量。值得一提的是数据的壁垒在平台与用户之间依然存在，与平台内使用的真实的内显数据不同，许多平台用户看到的往往是已经调整、修饰过的外显数据，如短视频平台的播放量、电商平台的销售量等。虽然平台有数据的公开与保密权，但数据造假是违法的，尤其是一些直播带货平台通过后

---

① Alan. 数据中台（一）什么是数据中台［EB/OL］. https：//zhuanlan. zhihu. com/p/99591075.

台调整销售量/销售额数据，鼓动消费者跟风购买，已经侵犯了消费者的权益。

2. 外部：营销与服务边界模糊化

智能客服、AI 创意广告等新技术逐渐模糊了营销与服务的边界，使得服务式营销大大提升了平台与用户的互动，以更为智慧的方式将用户与品牌相连接，一方面能够为用户提供与产品相关的服务，辅助消费决策，选择最适合的产品。如淘宝"美妆学院"提供了 AR 肌肤检测和"在线试妆"功能，分析用户皮肤状态、展示上妆效果，进而推荐更适合的护肤品和化妆品，这种匹配服务提高了用户的决策效率，并且优化了用户的购物体验。

另一方面，营销与服务边界的模糊也体现在以服务带动产品销售，消费者在享受服务时也会注意到品牌方的产品，以及产品的增值价值。例如，婴幼儿配方奶粉品牌美素佳儿与百度营销共同推出了"宝宝不哭"智能小程序，结合《邓斯坦宝宝语言系统》与百度 AI 技术分析婴幼儿啼哭的原因，并且根据场景创造个性化的安抚曲，将奶粉与定制化安抚曲相结合，减少婴幼儿哭闹时间。

在技术创新的推动下，平台内外的资源被盘活，迸发出更大的活力，营销内嵌在服务之中实现了"人性化"与"智能化"的融合，使得技术更有温度。消费者不仅是购买者，也是体验者和传播者，因此提供产品外的服务看似增加了平台或品牌的营销成本，但其带来的经济收益以及口碑是单纯的销售无法实现的。

（二）互联网产品圈层的"入"与"破"

在数字技术的助推下，互联网平台已经成为各大品牌营销布局的必争之地，即便是疫情也没有影响广告主为数字营销投资的信心，秒针营销科学院联合全球数字营销峰会（GDMS）及媒介 360 共同发布的《2021 中国数字营销趋势报告》显示，78％ 的广告主表示将增加 2021 年数字营销支出。① 随着互联网营销产品的不断涌现，提升传播的深度与广度，进而加强客户与品牌的连接与黏合程度成为营销重点。特别是在社群与圈层文化不断成熟的背景下，产品通过 "入圈" 连接圈层打造认同，或者 "破圈" 打破现有的圈层限制争取更多的曝光与流量，成为传播效果最大化的必经之路。

1. 入圈：连接圈层打造认同

在 "入圈" 层面，品牌推出能够连接圈层，引起共鸣的品牌价值主张，进而打造身份认同实现价值匹配，成为 "圈内产品"。知乎在十周年之际推出周年特别企划，不仅发布了《我的知乎十年历》等用户数据报告盘点，还与在综艺《乐队的夏天》中大火的五条人乐队推出一首《问题出现我会回答大家》。MV 中除了五条人外，还有 "叔贵 k" "稚晖" 等多个领域的多位优秀创作者出镜。

这首歌欢快且十分符合知乎 "我们都是有问题的人" 的平台主张，突出了知乎 "有问必答" 的属性，通过音乐致敬知乎上的创作者，无论是提问者还是答主都能在平台上找到属于自己的领域和圈子。这首歌没有突兀的植入感，通过唤起情绪加强了用户对知乎的认同感，也表达出知乎对平台内存在的各个社群的肯定与尊重，是平台与用户的有效联动。

2. 破圈：跨越圈层传播大众化

在 "破圈" 层面，产品注重传播性，突破自身所在的圈层向外扩

---

① 新浪财经. 2021 年国内 78％ 的广告主将增加数字营销预算 ［EB/OL］. https：//bai-jiahao. baidu. com/s? id = 1686135847165096229&wfr = spider&for = .

张，实现跨越圈层的传播，收获更多的关注与流量，使得品牌具有"大众"属性，不再被限制于平台之内，能够实现跨平台传播。

网易云音乐发布的年度听歌报告，几乎每次都能在社交媒体上引起大规模刷屏。网易云音乐作为一个音乐平台，之所以能够在一众年中总结中脱颖而出，实现"破圈"，与其个性化、创意化的产品紧密相关。在 2020 年度听歌报告中，用户不仅能够定制私人动画形象，还能通过一系列的数据、歌名等对自己在平台上度过的时光进行回忆，与平台进行情感上的沟通。所以社交平台上，用户不仅是在分享报告，还是在标榜自己的独特，表露自己的偏好与情感。这也使平台得以触达更多用户，将音乐社区变得更加大众化。

"入圈"与"破圈"的概念并不相悖，而是侧重点不同，前者强调对平台内用户的留存和促活，重点在于对站内生态的优化，加强平台与用户以及用户与用户之间的联系，提高用户的活跃度与忠实度；后者强调对用户的拉新，通过平台内外宣传吸引更多新用户注册，为平台注入更多新鲜血液。因此互联网营销既要有侧重地进行"入圈"或"破圈"，也要两者兼备，实现效益最大化。

（三）互联网平台生态的"加"与"减"

互联网平台在营销中的角色多样，既是广告主，又是投放的渠道、变现的平台。随着平台的扩张以及生态布局的加速，国内出现了体量庞大的超级 App，如百度、腾讯、阿里巴巴。它们或早或晚地建立了庞大的应用体系，实现了用户的快速增长并且将产品嵌入了日常生活之中，具有一定的公共属性。此外，各垂类的巨头也通过不断扩张布局建立了自身的生态系统。但"全"不等于"优"，如苏宁易购、滴滴、美团等平台向金融行业进军，提供借贷和理财服务，不过很难从支付宝、微信、京东等巨头已经占据的市场中分得一杯羹。因此互联网生态不仅有"加法",也要学会做"减法"。

1. 加法:整合资源构建闭环

当前互联网平台在塑造其平台生态时不断做"加法",扩大自身的营销价值,不断寻求新的创新点,进而为整个生态注入活力,构建营销闭环,整合短视频、社交、电商、直播等赛道同时发力。抖音、快手等短视频平台不断完善其生态布局,通过短视频进行内容营销,在站内推出了商城、本地服务等功能。

例如,抖音商城和快手小店能够直接与主播带货直播链接,省去了App 跳转的步骤,也避免了平台间规则的冲突与协调,售后问题无须跨平台申诉,大大优化了消费者的购物体验。在站外,抖音与快手也积极向资讯、动漫等领域进军,试图建立更加完善的生态闭环,满足用户多元需求,也为全平台营销提供了基础。

2. 减法:精准落地差异发展

平台也在不断做"减法",一方面是在内容投放上开始以精准落点及变现为目标,而不是盲目地追求全覆盖式营销,在充分利用好平台的数据,以数据为支撑的基础之上,通过智能算法实现多渠道的有效分发,为品牌找到目标客户。在此过程中平台生态的搭建至关重要,因为只有整合好各个渠道的数据,打通渠道间的壁垒,才能更深入地洞察用户需求进而优化营销策略。另一方面,要注重平台的差异化发展,尽量避免同质化带来的行业内卷,积极拓展蓝海市场。例如得物 App 作为一个网购社区,并没有走全品类的老路,而是强调年轻、潮流的概念,并且提供官方的鉴定服务,满足了年轻人的购物需求。类似的平台还有主打美妆鉴别的心心 App、闲置交易平台闲鱼等。

二、不同类型互联网平台创新

（一）内容平台

1. 鼓励 UGC 创作，积蓄原生流量

对于内容平台来说，内容本身是吸引受众观看的根本原因，因此创作者的不断产出与内容生态的长久繁荣是内容平台商业齿轮运转的原发动力。内容平台中的 PGC 创作者数量有限，准入门槛也较高，所以大多数内容平台将鼓励内容创作的策略重点转向了 UGC 创作，提供内容生产工具，降低使用门槛，并推出创作者扶持策略，提升用户内容生产的参与率。

短视频平台在鼓励 UGC 创作方面进行了许多独特尝试。截至 2020 年 9 月，抖音、快手、微信视频号等均推出了专属的视频剪辑软件，从内容生产工具简易化的角度为创作者提供技术辅助。例如，与抖音配套使用的"剪映"中，用户可以快速找到当前抖音最热门的配乐与视频剪辑元素，甚至可以"一键剪同款"，上传自己拍摄的视频后，可以一次性生成一份剪辑后的成品视频，并直接同步到抖音中以无损画质发布。这大大降低了用户内容生产的学习与时间成本，使 UGC 视频创作数量实现快速量变。除此之外，内容平台如小红书、快手等均推出了创作者扶持计划，包含一定的流量照顾、奖励、培训等具体措施，扶持一些渗透率较低的垂直分类创作者，使其更有参与创作热情，这也进一步为其他用户获取该类小众信息提供了可能性。例如，字节跳动 2020 年高调宣布进入在线教育业务领域以来，抖音也相应增加了对在线教育领域内容、直播与 IP 的扶持。而快手对音乐类垂类扶持力度加大，对标

抖音音乐垂类，接连联合歌星举办活动，并发布"音乐倒带计划""快手音乐亿元激励计划"等，促进短视频垂类创作繁荣。平台使用的普惠化与对各类创作者的扶持，标志着内容平台正在逐步迈向全民创作时代。①

2. 促进内容社区商业化变现，形成内容创作与消费联动

在过去一年里，不同类型的内容平台与不同垂直类别的内容社区呈现井喷式发展。早期的内容社区主要以图文为媒介，中期的内容社区以bilibili 的长视频为代表，开始出现不同的内容媒介形式。而近年来，随着技术门槛逐渐降低，短视频 App 的崛起带动整个内容平台进入真正意义上的全民表达时代。各类内容社区开始融合多种不同的内容形式，例如小红书，在内容创作中允许用户进行图文、直播、长视频与短视频的多种类创作，丰富的创作选择使内容社区的产出保质保量，当更多用户来到平台，流量曝光与创作热情联动形成正循环，促进内容创作与内容消费的有机联动。

除平台本身外，直播与短视频内容产业中强有力的推手——网红经纪公司与所谓"公会"也是促进内容社区商业化变现的重要一环。这两者的作用相似，在主播与广告主、消费者中间起到牵线搭桥的作用。对于平台来说，公会承担着平台拉新、帮助运营主播，以及维系高净值用户关系的职责。对于主播达人来说，公会为其做包装、宣传、签约谈判、拉取粉丝，而主播从自己的所得中抽取一部分回馈给公会即可。在公会的介入下，许多普通用户在内容创作的过程中慢慢从娱乐转型为自媒体，分散至极微小的细分领域，帮助广告主触达更多的长尾细分

---

① 东方证券 . 2021 传媒行业策略报告：拥抱大产品、大用户平台的繁荣性成长［R/OL］. https：//new. qq. com/rain/a/20201228A087JS00.

市场。

3. 拓展平台差异化价值，实现平台整体商业化繁荣

当前内容平台格局划分已基本成型。无论是长短视频、知识付费或是直播领域，都已有了"龙头老大"与"小鱼虾米"的清楚划分，竞争格局向头部集中，使得各内容平台不得不做出差异，以求异军突起，冲破重围。

首先是抓住有利发展机遇。过去一年里，疫情数次反复。在线教育平台紧跟社会疫情变化，三、四线城市加速实现线上线下融合，而一、二线城市教育平台公司结合时局推出多种措施，提升自身渗透率。2020年，投放内容营销的在线教育品牌数量增加了一倍，各品牌大多选择将广告精准投放到网综、网剧以及亲子节目中，扩大品牌声量。① 其次是突击下沉市场。下沉是短视频行业的决战场，在视频号强势入场的威胁之下，抖音和快手纷纷依据自身优势，试图快速收割下沉市场流量，巩固自身地位。例如，快手推出的极速版，靠获取增量下沉用户，在不到一年时间里月活超过了 1.2 亿，成效显著。② 此外，内容平台还在生产端拓展垂直领域类型，在用户端拓展使用场景。通过内容与功能的丰富将内容平台从单纯的娱乐平台向互联网基础设施与通用平台的方向扩张。最为显著的就是各类短视频平台，在内容之外拓展与各类电商、线下活动与差异品类之间的联动合作，将流量红利复制到各个渠道中，实现平台整体商业化繁荣。

---

① 腾讯. 2021 年版在线教育行业内容营销洞察白皮书［R/OL］. https：//blog. csdn. net/u011948420/article/details/111187255.

② 东兴证券. 2021 年传媒行业投资策略报告：优质内容主导长短视频格局，商业化创新提升互联网平台价值［R/OL］. http：//finance. sina. com. cn/stock/relnews/cn/2021 - 01 - 15/doc - ikftssan6521372. shtml.

（二）社交平台

1. 头部产品地位牢固，社交加码构建商业化生态

作为社交平台中的头部产品，微信、微博、QQ 地位稳固，月活跃用户达亿级，属于国民级 App，而这一局面在短时间内尚无变化趋势。我们可以看到，在过去一段时间，头部社交产品盘活的流量是各大公司刻画商业化生态版图的底气。微信布局视频号；微博大力推动视频号营销、搭建商品橱窗，都取得了较好回报。微信在 2020 年 1 月 22 日开启视频号内测。微信视频号不同于订阅号、服务号，是一个全新的内容记录与创作平台。视频号内容以图片和视频为主，可以发布长度不超过 1 分钟的视频，或者不超过 9 张的图片，还能带上文字和公众号文章链接，而且不需要 PC 端后台，可以直接在手机上发布。2021 年，微信又新增了一个重磅功能，允许视频号绑定相关联的新功能打通了视频号和公众号之间的链接，对于运营者来说，这可以更好地利用微信公众号的图文内容为其视频号导流，而视频号同样可以为公众号服务。可以看出，微信在试图盘活社交、内容社区与新产品视频号之间的流量资源，在物尽其用的前提之上实现新商业模式的起步。微博在这一道路上早已获得十足回报，2020 年第二季度，微博广告和营销业务稳定回升，净利润同比增长 48.1%，这与其在社交资源基础上推广视频号广告密不可分。

特定垂类的社交平台也在逐步加码构建新的产品与业务模式，例如探探开始试水直播，用户流量具有很强的变现能力，会员付费、打赏、广告服务等收入的暴增，直接带来其 2020 年第三季度营收同比增长 135.2%，可见结合自身产品特点，在社交的基础上进行商业模式的新尝试是拓展商业版图的可行之道。

2. 社交需求细分化，声音社交成为新风口

当前社交平台正将目光转向更为细分化的受众群体。其中比较突出的有趣缘社交、声音社交等。如以探探为例，以兴趣和情感为核心，形成以趣缘圈子为单位的新型社交方式，瞄准陌生人市场以及其消费能力，而社交就是获取用户的入口。探探相关数据显示，女性用户平均每天滑动探探 300 次，男性用户每天滑动 200 次，女性用户的活跃度是男性用户的 1.5 倍①。结合当前女权主义思潮的风靡来看，女性社交产品用户需求将进一步浮现，未来"她社交"群体在社交平台上的主动性、活跃度都将成为产品开发不可小觑的重要指标。这是当前社交需求细分化的一个典型案例。除此之外，对其他特定使用人群如青少年、母婴、小众兴趣群体的关注也成为社交平台创新发展的切入点。例如青少年社交方面，快手背书的"避风"、百度背书的"有噗"，都是在以兴趣为核心，吸纳细分领域的小部分用户。

值得注意的是，在多重因素影响下，声音社交成为近期大热的新风口。一方面是技术发展有力推动了声音社交的推广。5G 网络带来的高质量、低延迟特性，大大提升声音社交的产品体验。随着技术的发展，声音社交产品可以保证社区内容的质量，从而带来更高的用户黏性及更好的用户体验。另一方面是国外声音社交平台 Clubhouse 的大热，带动了一波新的声音社交风潮。目前国内综合性语音娱乐直播平台众多，却缺乏专攻细分领域的语音社交平台，难以满足不同圈层人群的语音社交需求。② 因此声音社交成为各大社交平台着力攻占的必争之地。除当前

① 证券日报．探探：北上广深单身女性在线社交洞察［EB/OL］．https：//baijiahao. baidu. com/s？id = 1693657510008793340&wfr = spider&for = pc.

② 开元证券．调整后布局游戏板块及互联网平台型公司［EB/OL］．http：//finance. sina. com. cn/stock/relnews/cn/2021 - 03 - 03/doc - ikftssaq0068380. shtml.

已有的声音社交平台荔枝、映客外，国内短视频平台抖音和快手均已布局语音聊天室，定位倾向于大众娱乐性聊天。2021 年春节期间快手聊天室推出"快手大家说"栏目，连续 8 天邀请各界名人聊天，或意在增加更多专业性的知识会谈内容。未来小众的在线语音社交平台或通过聚焦细分需求和挖掘兴趣垂类，成为在线社交新风口。

（三）电商平台

1. 线下消费场景向线上转移，多举措提升电商线上渗透率

2020—2021 年，在疫情的催化下，许多线下消费场景逐渐向线上转移。例如，由于线上办公、教学的需求增加，办公产品、视频工具产品购买量增长显著。此外，实物电商在零售业中占的比重达到 25.2%，相比 2019 年全年的 20.7% 提升了 4.5 个百分点，线上化率提升速度远高于 2019 年年均提升 2.5 个百分点的速度。① 电商平台纷纷借势疫情期间民众消费习惯改变的风潮，对之前电商渗透率较低的年龄层以及行业品类进行突击。例如，对高年龄层进行精准营销，抓住其需求痛点，推出在线团购。包括电商平台京东、老年用品连锁商鹤逸慈等都已推出了面向银发族的线上购物渠道，而社群团购则成为多家企业选择的主要经营模式。社区团购本身所具有的平台化模式轻、铺开速度快、获客成本低、反向订货库存少、损耗少，具有下沉属性的特点，因此对于老年人线上消费较为热门的生鲜、医药等品类，社区团购成为多数电商平台商业模式扩展的新突破口。

疫情下万物到家成为新增长点。即时配送的线上生活服务中，快消、餐饮、鲜花、医药、生鲜等线上化渗透率低，仍具有较大红利空

---

① 东方证券．2021 传媒行业策略报告：拥抱大产品、大用户平台的繁荣性成长［EB/OL］．https：//new. qq. com/rain/a/20201228A087JS00.

间。过去一年间，医药卫生、生活服务、生活必需品成为线上渗透率提升的新增长点。例如，美团闪购作为低渗透的零售品类快速线上化的产品，推出后在 2020 年第三季度的交易量大幅提升，尤其是鲜花和药品配送业务同比大幅增长。此外，电商红利的下沉市场也成为线上渗透的新出路，美团在 7 月单独成立"优选事业部"，开展社区团购业务，采用"自营＋县域代理"的模式，主攻五、六线下沉市场。目前美团已将业务拓展到 21 个省（区、市）270 多个城市，日单量突破 1000 万。

2. 直播电商"危"与"机"并存，高效平台治理实现共赢

2020 年 11 月，针对直播带货行业的各项政策接连出台，提升直播带货的门槛，直播电商行业监管政策趋于严格。国家网信办在对互联网直播营销信息内容服务管理规定公开征求意见中指出，直播间运营者、直播营销人员从事互联网直播营销信息内容服务不得有以下行为：发布虚假信息，欺骗、误导用户；虚构或者篡改关注度、浏览量、点赞量、交易量等数据流量造假；知道或应当知道他人存在违法违规或高风险行为，仍为其推广、引流；侮辱、诽谤、骚扰、诋毁、谩骂及恐吓他人，侵害他人合法权益；可能引发未成年人模仿不安全行为和违反社会公德行为、诱导未成年人不良嗜好等；涉嫌传销、诈骗、赌博、贩卖违禁品及管制物品等；其他违反国家法律法规和有关规定的行为。[①] 该规定清楚明晰，涵盖当前电商直播中商家猛压的各类"擦边球"红线。可见直播行业现有的模糊空间将会减少，规范性将会增强。短期来看，电商直播受到了一定弹压，例如 2020 年底，头部的直播电商主播李佳琦、

---

① 中共中央网络安全和信息化委员会办公室．国家互联网信息办公室关于《互联网直播营销信息内容服务管理规定（征求意见稿）》公开征求意见的通知［EB/OL］．（2020 – 11 – 03）［2020 – 12 – 27］．http：//www.cac.gov.cn/2020 – 11/13/c_1606832591123790.htm.

辛巴、罗永浩等纷纷受到监管制裁，这对直播电商业界也是一记棒喝。但长期来看，必要的监管将使行业在健康的氛围中实现更快发展。

高效的平台自我治理水平是电商直播、用户、厂家长久共赢的合作基础。在危机并存的当下，平台的自我治理能力显得尤为重要。淘宝在这方面的举措值得借鉴，自直播入口开启后，淘宝便建立了完整的直播规范机制约束直播行为，这是对商家和消费者双方的共同保护。此外淘宝还有 AI 图像识别、社会监督等多重渠道，对直播内容进行监管。在监督下，商家和主播明确心中红线，才能进一步促进电商直播良性发展。

3. 技术赋能"人—货—场"，直播电商价值边界扩张

5G 在技术层面对直播电商赋能，推动购物体验更加沉浸、互动、高清化。对于直播电商来说，高清视频让"所见即所得"成为可能，多元直播场景打破了时空限制，让原本难以看到的商品生产过程也能够成为透明化消费的一部分。而身临其境的用户体验，更让消费者缩短了从信息接触到购买决策之间的差距。可以说 5G 大大优化了消费者对于直播电商的体验，也让直播电商能够在"人—货—场"三要素中持续扩张价值边界。

在过去一年中，直播电商呈现出商品种类愈加丰富、主播背景愈加多元、各类平台相互借力、场景形式愈加多样的发展态势。商品种类方面，不少平台开始尝试售卖高客单价、重决策的产品，如李佳琦卖钻戒、薇娅卖车等，这都是对过去直播电商多卖低单价、轻决策产品的颠覆。主播背景方面，我们看到各行各业各领域有影响力的人物都开始加入直播带货的行列，帮助打破直播用户原有圈层，加速直播的破圈渗透。平台借力方面，电商直播平台与内容平台，尤其是以快手与抖音为代表的短视频平台之间的合作，带来更精准的潜在消费者匹配，打通了

信息获取到决策之间的平台壁垒。以内容平台的受众分类作为筛选条件，也更能发现小众长尾市场的直播电商消费者。而在直播场景和形式方面，依托技术进步与疫情影响，更多品类、更多消费场景开始步入电商直播中，直播内容也从单一的直播逐步转变为边玩边买、边学边买，这也是电商"人—货—场"三要素的多元化扩张的一种表现形式。

三、未来互联网平台创新的趋势与要素

（一）政策导向明晰化

近年来随着互联网平台的加速发展，相关的政策和法律法规也不断完善、明晰，为互联网平台的发展指明了正确方向。2020 年 7 月至 2021 年 6 月，政府先后出台了多项法规，为行业不断创新、良性发展、有序竞争提供了保障。

在行业创新方面，2020 年 7 月，国家发展改革委等 13 个部门联合印发了《关于支持新业态新模式健康发展 激活消费市场带动扩大就业的意见》，其中明确提出了培育产业平台化发展生态，着力发挥互联网平台对传统产业的赋能和效益倍增作用，打造形成数字经济新实体。开展重大工程布局，支持传统龙头企业、互联网企业打造平台生态，提供信息撮合、交易服务和物流配送等综合服务。①

在良性发展方面，2020 年 10 月至 12 月，国家市场监管总局、中央宣传部、工业和信息化部等 14 家网络市场监管部际联席会议制度成员

---

① 国家发展改革委. 关于支持新业态新模式健康发展 激活消费市场带动扩大就业的意见（发改高技〔2020〕1157 号）〔EB/OL〕. https：//baijiahao. baidu. com/s？id = 1672271569927887480&wfr = spider&for = pc.

单位联合发布《关于印发 2020 网络市场监管专项行动（网剑行动）方案的通知》，重点任务包括：重拳打击不正当竞争行为，依法查处电子商务平台经营者对平台内经营者进行不合理限制或者附加不合理条件等行为；以食品（含保健食品）、药品、医疗器械、防疫用品、化妆品、儿童用品、服装鞋帽、家居家装、汽车及配件等舆情热点、社会反映集中、关系公众生命健康安全的产品为重点，集中治理网上销售侵权假冒伪劣商品行为；严厉打击野生动植物及其制品非法交易行为，全面禁止网上非法野生动植物交易；强化互联网广告监管，曝光一批大案要案；规范"直播带货"等网络经营活动秩序；加强二手物品网络交易平台监管等。①

在有序竞争方面，2021 年 2 月，国务院反垄断委员会制定发布《国务院反垄断委员会关于平台经济领域的反垄断指南》，其主要目的是为预防和制止平台经济领域垄断行为，保护市场公平竞争，促进平台经济规范有序创新健康发展，维护消费者利益和社会公共利益。《指南》针对近年来社会各方面反映较多的"二选一""大数据杀熟"等问题做出专门规定，明确了相关行为是否构成垄断行为的判断标准，② 并提出了保护市场公平竞争、依法科学高效监管、激发创新创造活力、维护各方合法利益的四项原则。③

---

① 网络交易监督管理司. 市场监管总局等部门关于印发 2020 网络市场监管专项行动（网剑行动）方案的通知［EB/OL］. http：//www. samr. gov. cn/samrgkml/nsjg/wjs/202010/t20201030_ 322742. html.

② 国家市场监督管理总局. 国务院反垄断委员会：《反垄断法》对各类市场主体一视同仁、平等对待［EB/OL］. https：//news. ifeng. com/c/83fmGG4iIDO.

③ 市场监管总局网站. 国务院反垄断委员会关于平台经济领域的反垄断指南［EB/OL］. http：//www. gov. cn/xinwen/2021–02/07/content_ 5585758. htm.

（二）市场定位细分化

随着社会及互联网的发展，不同的群体、圈层、社区等正在通过多元的划分方式，重构具有消费潜力的人群。新的消费人群往往具有更明显的消费偏好和特点。因此互联网平台营销要找准不同人群的定位，绘制更为全面的用户画像，提高品牌知名度和口碑，实现市场扩张。

首先，随着女性主义的发展，女性群体尤其是都市女性的价值观念产生了颠覆性的改变，女性议题越来越受关注。尤其是以女神节、女王节为噱头吸引女性，本质却是消费主义狂欢购物的营销方式已经过时，需要广告主和广告公司跳脱出传统的父权观念，在理解当代女性价值观的基础上对品牌精神及宣传策略进行思考与创新。例如，2021年2月男性脱口秀演员李诞代言"ubras"女性内衣，并以"我的职场救身衣，一个让女性轻松躺赢的装备"为广告语，引起了广大女性消费者的不满。广告词"职场""躺赢"以及代言人形象所表达出的品牌理念以及调侃的态度与当下女性独立、自由、平等的价值观相悖，被认为是对职场女性的冒犯，因此受到了消费者强烈抵制。而同为女性内衣品牌的"内外"以"NO BODY IS NOBODY | 没有一种身材，是微不足道的"为广告语，站在女性的立场和视角，尊重女性价值、强调女性力量，并对当下热门的"女性身材焦虑"以及"审美单一"进行有力回应，受到了一致好评。因此以女性群体为目标市场的品牌要不断升级自身的理念，读懂当下女性的需求，才能找准市场，提升营销投入的回报率。

其次，除新女性群体外，95后和00后组成的Z世代也已经成为极具潜力的消费人群。根据CBNData在《2020Z世代消费态度洞察报告》中发布的数据，2020年国内Z世代的开销占全国家庭总开支约13%，并且消费规模的增速远超其他代际。① Z 世代的消费呈现出圈层、潮流、社交、品质等特点。和父辈们的节俭与实用主义不同，他们更追求精神的满足与品质的享受。圈层化、社交化的特点不仅使得汉服、二次元、电竞、盲盒等小众品类成为热点，还为私域流量的积攒提供了有利条件。SocialBeta 报告数据显示，除综合电商外，有 42% 的年轻人选择在微信小程序、社群、公众号等私域渠道购买商品，产品的社交属性成为吸引他们购买的重要因素。② 想要打动 Z 世代，品牌的年轻化是大势所趋，而新的品牌形象需要更加精准的市场定位以及营销产品。

总之，小镇青年、城市中等收入群体、银发人群、都市蓝领等众多标签背后是消费者市场的重新洗牌，这种趋势下互联网营销的市场定位要实时调整，顺势而变。

后疫情时代，京东女性消费者对洗护清洁品类商品需求大幅上升，尤其是除菌/抑菌等功效及洗衣凝珠，消费市场不断细分。联合利华品牌正逐渐走向高端化，试图向用户提供极致且不同的体验和更专业的洗护解决方案，这就需要进行用户拉新。旗下奥妙、金纺洗衣凝珠，在"双 11"期间通过京东平台进行品牌运营。首先定位靶向人群，将拉新目标锁定在小镇家庭、都市家庭这一核心人群和都市 Z 世代、小镇青年这一潜在人群。针对人群的不同特点进行定制化精准营销。例如，抓住小镇青年单身休闲的特点，强调产品轻松洗衣的功能，匹配彩虹小凝珠；根据都市 Z 世代追求独立品味的特点，强调产品能让衣物自带"香水"光环，匹配樱花小凝珠。通过线上购物触点、双珠馆、京东展

---

① CBNData. 2020Z 世代消费态度洞察报告 ［R/OL］. https：//www. cbndata. com/report/2381/detail？ isReading = report&page = 1.

② SocialBeta. 00 后、新女性、银发网红. 了解 2021 消费人群新趋势 ［EB/OL］. https：//socialbeta. com/t/report - 2021 - consumers - collection.

位等站内外工具，建立站内外拉新矩阵，达到站外种草、站内收割的效果。"双 11"期间，品牌 ROI 提升 100%，重点靶向人群增长超过136%。通过双珠品类人群运营，助力 4A 人群流转及总量提升，加强用户渗透，实现品类拉新。

（三）商业模式多元化

QuestMobile 研究院发布的《2020 年中国移动互联网年度大报告》预判 2020—2022 年中国互联网广告市场规模将不断扩大且增长率保持在 10% 以上。① 可见我国互联网广告仍具有可观的市场前景。

就营销渠道而言，2020 年互联网广告呈现出两极分化的特点，其中电商类广告占据了 47.2% 的市场份额，相较于 2019 年增加了 6.5%，短视频广告和社交媒体广告分别占比 13.5% 和 13.4%，增幅为 5.3% 与1.6%。而搜索引擎广告等均呈现出市场份额萎缩的趋势。因此互联网平台在营销创新层面应该更倾向于减少 App 的切换与页面的跳转，同时利用社交关系建立私域流量和视频化表达也已经成为营销的关键，快手、抖音纷纷推出小店功能进而实现营销闭环，小红书社区式的种草推荐等可见一斑。

就营销内容而言，据 SocialBeta 发布的数据，2021 年广告投放目标以实现强化品牌形象、提升品牌知名度，以及提升销量的效果为主，且选择前者的比重略高于后者，② 可见多数的广告主还是想要实现更大的品牌影响力进而提高品牌盈利。品牌 IP 是一种价值和精神的沉淀，同时它也具备灵活多样的跨平台特性，能够衍生出丰富的营销产品。因此

---

① QuestMobile 研究院 . QuestMobile2020 年中国移动互联网年度大报告［EB/OL］. https：//www. questmobile. com. cn/research/report - new/142.

② SocialBeta. 2021 数字营销趋势全解读，揭秘未来 3 年广告主最关注营销形式［EB/OL］. https：//socialbeta. com/t/report - 2021 - tendency - of - digital - marketing.

IP 已经成为营销的灵魂,如何实现品牌 IP 的多元化、生态化左右着营销商业模式。例如,字节跳动推出的综合性数字营销服务平台巨量引擎聚合了抖音、今日头条、西瓜视频等旗下的八大平台,推出营销 IP "巨量新品日",通过全链路式广告投放与 IP 孵化帮助广告主实现成体系的营销,使品牌 IP 得到完整且持续的跨平台传播,通过营销 IP 助力品牌 IP。

"抖 in City 城市美好生活节"为抖音商业化推出的年度 IP。2020 年为期 95 天的"抖 in City 城市美好生活节"一城一会,抖音平台与城市合作,打造"千城千面"活动盛宴,激活城市独特的文旅基因,将城市营销与品牌营销相结合,跨界联动品牌、MCN 机构、红人、时尚圈,再度发掘城市美好名片,为激发城市品牌年轻力提供了全新的鲜活场景。

一方面,通过联动本地大事件,跨界破圈强化城市品牌力。"抖 in-City"与杭州"地标"西湖音乐节一拍即合,吸引了上百位明星 + 达人的超强直播阵容,"2020 不止西湖音乐节"的直播秀为"抖 in 之夜"盛宴带来了热力高峰。另一方面,各大城市的"抖 in 之夜"盛典上,跨界联动 MCN 机构发起创作者聚享会,以内容产出激发城市活力。与时尚圈跨界互动,打造独特的"潮流抖音范儿",实现了话题、好感双收。2020"抖 inCity"品牌营销互动实现突破,吸引了纽西之谜、长虹、燕京啤酒等 8 大行业 200 个品牌合作。同时娱乐营销再升级,助力 IP 与城市、品牌破圈互动。

2020"抖 inCity"线上话题总播放量破 150 亿,线下吸引 50 万人打卡,助力一座座城市"抖成新网红",成为可持续运营的 IP 典范。

(四)技术迭代智能化

就面临的挑战而言,尽管大多数广告主瞄准了提升品牌形象和品牌知名度的目标，但 71% 的广告主仍认为营销传播 ROI 难提升是营销的主要挑战，此外，57% 的广告主也面临着营销效果难以测量和验证的挑战。① 可见如今 5G 时代下虽然大数据、人工智能、物联网、云计算等技术迅速发展，为营销行业提供了底层技术支撑，但这些技术还存在巨大的进步空间。

首先，科技的发展丰富了营销渠道，在万物皆媒的时代媒介终端不再限于手机、电脑，智能家居、智能骑车等已经可以通过传感系统实现多元智能化的传播形态。随着智能化技术的进步，城市等公共场域已经被媒介覆盖，公共服务越发依赖于媒介。因此，平台营销渠道将不再局限于某块屏幕或某个媒介，而是通过整个智能系统进行有效分发，使营销平台的资源得以整合。

其次，技术迭代也将在内容层面为平台营销提供更多可能，随着 AR、VR 技术的成熟，魔法表情已经成为众多品牌的营销工具，每天都有用户使用平台提供的魔法表情拍摄视频。如今很多魔法表情已经有了智能化互动功能，能够识别镜头内的人或物体。例如 2020 年 8 月，快手和肯德基合作推出"颠覆时空" AR 魔法表情，在拍摄中用户只需完成提示就能开启 KFC 版星球之旅，不仅能看到品牌代言人和各种科技感十足的场景，还能通过前置摄像头使用魔法表情，变换"战士"形象。此外，抖音和百事也曾合作推出创意互动短视频，观看后用户将手机镜头对准百事可乐罐或蓝色，可以合成各种创意图片或视频，通过平台进行分享。但是 AR 和 VR 营销产品存在开发周期长、成本高、平台受限等问题，相信随着 5G 的发展会迎来更加光明的前景。

---

① SocialBeta. 2021 数字营销趋势全解读，揭秘未来 3 年广告主最关注营销形式［EB/OL］. https：//socialbeta. com/t/report－2021－tendency－of－digital－marketing，2020－12－28.

第六章

互联网营销传播创新

随着市场大环境的改变，当前各类互联网广告营销不断花样翻新。搜索广告以引擎巨头为主导，在细分市场加快分流，布局内容生态，提升用户体验，以智能技术为辅助，实现多样化广告服务。电商广告着力聚集直播与短视频，以跨平台合作、植入式营销和反套路营销为平台引流。信息流广告品牌服务以百度、字节跳动、腾讯三家为头部矩阵，产品模式已成熟，通过多场景转化，互动式营销助力品牌触达全量。社交广告呈现外部开放式发展和头部平台闭环式提升的市场趋势，营销目标从"入圈"转向"破圈"，以视频聚合内部声量。创意中插广告在疫情期间宅经济大热的趋势下推动长视频价值回暖，尤其以综艺中插为代表，广告创意与效果均出彩。而互动视频广告则着力于以多样化互动形式激发品牌曝光势能，未来将凭借技术发展，实现更大程度的营销优化。

除各类互联网广告产品外，当前的互联网人员推销已形成网红经济生态圈，以内容营销促进产销升级，以头部效应带动行业发展。而互联网促销则在需求侧出现从价廉到便捷的转向，供给侧则关注促销新需求与用户下沉，以技术赋能互联网促销，实现策略定制化、内容直观化和促销场景化。在公共关系营销方面，部分企业开始构建示弱和忠诚人设，以负责任的态度面对舆论纷扰。

一、互联网广告营销

（一）搜索广告

根据用户搜索意图，在搜索过程或结果中露出的广告主诉求，称为搜索广告。

根据 CNNIC 发布的第 47 次《中国互联网络发展状况统计报告》显示，截至 2020 年 12 月，我国搜索引擎用户规模为 7.70 亿，较 2020 年 3 月增长 1962 万，占网民整体的 77.8%，其中，手机搜索引擎用户规模达 7.68 亿，较 2020 年 3 月增长 2300 万，占手机网民的 77.9%。[①]

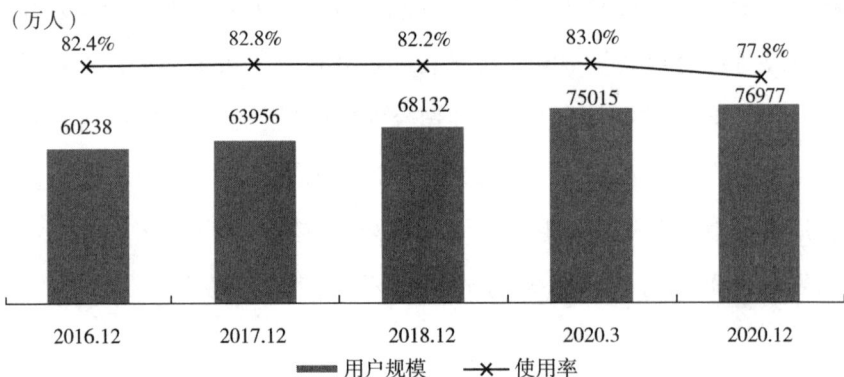

（万人）

图 6-1　2016 年 12 月—2020 年 12 月搜索引擎用户规模及使用率

（数据来源：第 47 次《中国互联网络发展状况统计报告》）

近年来，我国搜索引擎用户规模增长缓慢，市场接近饱和，与此同时，随着搜索逐渐下沉为基础功能，基于移动平台的搜索产品吸引大量

---

① 中国互联网络信息中心. 第 47 次中国互联网络发展状况统计报告. 2021［R/OL］. http://www.cac.gov.cn/2021-02/03/c_1613923423079314.htm.

流量，传统搜索引擎行业受到冲击，搜索引擎入口优势显著削弱，行业整体营收下滑。2020 年前三季度，受新冠肺炎疫情影响，百度网络营销营收合计同比下降 9.1%，搜狗搜索及其相关营收合计同比下降 16.0%。① 搜索广告收入增长进入瓶颈期，亟须寻求新的突破点。

面对搜索领域在传统搜索引擎和移动端搜索产品两条赛道上日趋激烈的竞争，2020 年各大企业加快内容生态布局和搜索服务模式探索，利用 AI 等智能技术创新搜索模式，提升用户的搜索体验，为搜索广告的发展提供更多可能。

1. 搜索巨头主导市场，细分领域加快分流

相较于短视频、直播电商等新兴领域，中国的互联网搜索市场已经较为成熟稳定。根据测速网数据，2021 年 3 月，百度在 PC 端搜索引擎市场占有率为 81.42%，较 2 月的 81.16% 略有上升；位居第二的是 360 搜索，市场占比从 2 月的 10.03% 提升至 10.74%；排名第三的是搜狗，市场占比为 4.62%，较 2 月略有下降。搜索引擎 TOP3 市场总占比在 2021 年 3 月达到 96.78%，比 2 月 96.27% 提升了 0.51%。② 整体而言，用户的网络搜索习惯较难改变，对搜索产品的选择更多停留在首选选项，只有在首选产品无法满足需求时才会转向备选产品。因此，在短期内，百度仍将凭借自身的高认知度而占据搜索引擎市场占有率第一的位置。

但是，随着移动端搜索产品对搜索引擎流量版图的蚕食，我国网络搜索领域一家独大的局面或将难以维系。字节跳动将原有的站内头条搜

---

① 中国互联网络信息中心 . 第 47 次中国互联网络发展状况统计报告 . 2021 ［R/OL］. http：//www. cac. gov. cn/2021－02/03/c_ 1613923423079314. htm.

② 测速网 . 2021 年 3 月搜索引擎市场占有率排行 . 2021 ［R/OL］. https：//www. speed-test. cn/article/MveqPdo9JVOV39QzNj60.

索升级为全线产品全网搜索功能；微信推出"搜一搜"功能，并于2020年7月收购搜狗，提升微信端搜索能力；支付宝成立独立搜索事业部。互联网巨头依托已有的移动端超级App的流量优势，争相布局搜索市场，百度、360等老牌搜索引擎企业被屏蔽在外。面对互联网巨头和超级App的步步紧逼，在PC端市场饱和的传统搜索引擎业务没有在移动端得到有效拓展，面临较大的生存压力，百度的搜索市场份额已从2016年的80%左右下降至2020年的68.9%。①

如今，搜索领域流量的分配呈现出以巨头为中心的多元格局。随着移动端搜索产品的发展和完善，搜索领域的细分市场和垂直领域加快分流。极光调研发现，用户在不同平台的搜索需求因内容差异而有所不同，如社交平台被更多地用于知识学习类内容的搜索，短视频平台被更多地用于娱乐和生活相关内容的搜索。② 移动端搜索产品的细分，一方面为搜索广告的精准投放提供了更多可能，另一方面导致信息流广告对搜索流量的分流日渐严重。

随着搜索广告市场的不断发展，搜索广告的监管也日益受到重视。2020年10月，国家市场监督管理总局发布的《关于印发2020网络市场监管专项行动（网剑行动）方案的通知》中强调整治社会影响大、覆盖面广的门户网站、搜索引擎等互联网媒介上发布的违法广告行为。早在2016年，百度就公布了《百度推广准入准则》，声明百度搜索推广平台只接受合法从业者成为推广客户，所有与淫秽、色情、暴力、恐怖、赌博、走私、造假、盗版、欺诈、作弊、侵害隐私、非法经营等违

---

① 经济日报. 互联网巨头缘何争相布局搜索领域2020［EB/OL］. http：//www. ce. cn/xwzx/gnsz/gdxw/202008/06/t20200806_ 35468127. shtml.
② 极光. 内容生态搜索趋势研究报告2020［R/OL］. https：//xueqiu. com/5681436966/167029542.

法行为相关的推广内容都在严格禁止之列。对国家与社会而言，整治和监管搜索广告市场有利于保障人民利益，保持良好的互联网环境，推动社会发展；对企业而言，依法规范广告审核与发布过程，有利于打造良好的企业形象，承担社会责任。

2. 加快布局内容生态，着力提升用户体验

搜索本质上由算法抓取和内容分发两个环节构成。当算法技术日益完善，不再成为关键性壁垒，内容就成为决定竞争力高下的关键因素。不论信息环境、用户具体需求如何变化，用户搜索的本质都是对内容的获取。根据极光调研数据，2020 年，77.4% 的用户搜索行为发生在内容型平台；90.5% 的用户在社交、短视频、长视频、电商购物、新闻资讯等平台有过"随看随搜"的经历。[①] 这说明用户搜索行为向内容平台迁移，传统搜索模式距离用户信息获取方式越来越远，内容生态离用户越来越近。

基于此，不少搜索公司通过自建内容补充内容池，拥有海量优质内容的互联网巨头也看到了切入搜索市场的机会。字节跳动、阿里巴巴等纷纷推出自己的搜索事业部，丰富内容产品，完善内容生态布局。百度依托搜索引擎入口，不断优化算法和数据库，搭建覆盖全方位信息的内容生态，此外，百度还投资快手、知乎等内容平台，为存在信息源不足缺陷的内容池补充外部内容，试图扭转传统搜索市场停滞的局面。字节跳动于 2020 年 2 月底推出了"头条搜索"独立 App，并且在各大安卓应用商店上线，涵盖旗下信息流、短视频、问答等产品内容，同时抓取全网资源，为用户提供综合搜索服务。支付宝则于 2020 年 5 月成立独

---

① 极光．内容生态搜索趋势研究报告 2020 ［R/OL］．https：//xueqiu.com/5681436 966/167029542.

立搜索事业部，整合支付宝"热门""小程序""生活号"和"资讯"等服务的搜索入口，打造"内容＋服务"的闭环。内容生态搜索有助于提供原生商业内容、减少内容同质化程度，让搜索结果更好地满足用户需求，实现用户与内容之间的深度连接。以内容生态建设为核心展开竞争，无疑会成为下阶段各市场主体的战略共识。

除了布局内容生态外，在已达到饱和状态的 PC 端搜索市场，传统搜索引擎巨头们也纷纷向注重搜索体验的方向发力，通过引入 AI 等新技术，将搜索带入个性化服务及垂直化发展的新阶段。人工智能技术的使用一方面提升了搜索广告的服务质量，通过采集及分析不同用户数据进行用户画像，满足用户的个性化搜索需求，另一方面提供多样化的搜索服务，利用语音和图像处理技术让搜索不再局限于文字输入，搜索正在超越现有的搜索引擎范围，嵌入各种产品当中，覆盖购物、旅游等众多场景。搜索引擎提供高质量、个性化、多样化服务，"侵入"用户生活场景，将搜索广告无形化、融合化，契合营销 4.0 的新特征，逐渐走向人与机器互联、机器与机器互联的智能化互联网营销时代。

3. 视频搜索势不可逆，搜索广告多样发展

随着视频成为人们及时了解并获得更多信息的新选择，用户搜索行为向视频方向发生转移，搜索的新战场也转向视频搜索。2021 年 2 月 17 日，抖音搜索发布首支年度短片，称其视频搜索月活用户已超 5.5 亿，这是抖音首次公布其搜索活跃用户数，并表示抖音将在未来加大对搜索的投入力度。①

事实上，除抖音之外，不少互联网巨头也已纷纷发力视频搜索。早

① 上游新闻. 抖音搜索月活用户突破 5.5 亿 张楠称将大力投入视频搜索·2021［EB/OL］. https：//baijiahao. baidu. com/s？ id＝1691922934336328232&wfr＝spider&for＝pc.

在 2018 年，百度就喊出了"全面拥抱视频时代"的口号，并于 2020 年
10 月推出了百度看看，搜索类别包括视频、小视频、直播三种；阿里
巴巴旗下的夸克于 2020 年 9 月发布了知识视频平台"Z 视频"，为高质
量的知识视频提供创作平台，满足用户对服务性与实用性内容的需求；
微信视频号已拥有自己的搜索框；快手也在 2020 年底组建了视频搜索
技术团队。有数据显示，在搜索领域，短视频搜索的使用率已经增长到
了 68.7%，排名仅次于独立搜索平台①，可见在视频搜索的内容生态、
搜索技术上，有大量用户需求涌现。

目前视频搜索仍沿用了过去图文搜索的框架和思路，以标签为识别
方式。随着 AI 的创新和语音、图像识别技术的快速更迭，对视频内容
本身而非视频标签的检索将成为可能，视频搜索也将有机会展开一系列
资本和技术革新。智能技术的深入应用、全新的内容交互模式的出现，
使搜索广告在营销 4.0 时代拥有更多可能，走向多样发展。

（二）电商广告

服务于在线市场目标，并为实现线上市场份额所露出的广告营销诉
求，称为电商广告。

电商广告的投放可以分为平台电商、垂直电商、折扣特卖和跨境电
商。根据 CCData 网联数科的调查，2020 年"双 11"期间，电商自身广
告有明显提升，同比增长 30.65%，京东、苏宁、唯品会等电商平台均
加强了自身电商品牌的投放力度。京东打出"只为热爱行动"的新主
张，从"全球好物节"全面升级为"全球热爱季"，更加注重与消费者
情感交流；苏宁主打"百亿补贴，好事发生"，与两场超级秀晚会主题

---

① 极光. 内容生态搜索趋势研究报告 2020 ［R/OL］. https://xueqiu.com/568143
6966/167029542.

相连；唯品会则沿用全新标语"品牌特卖，就是超值"，打造与其他电商平台差异化的品牌特卖平台形象。同时，值得注意的是，在短视频平台加速商业化的进程下，快手与抖音均加入电商领域的洪流之中。就2020年"双11"期间来说，快手响应度更高，广告投放同比增长达536%。

电商广告投放在电视媒体的选择上，央视媒体作为覆盖率最广的电视媒体，成为电商平台广告投放合作的第一阵营，卫视次之，省台的区域性媒体特点也备受重视。

2019年中国互联网全面进入存量阶段，月均活跃用户规模达到10.18亿，同比增长2.31%,[①] 无论是用户规模还是用户时长都在接近边际，同时，新技术变革带来的流量扩容尚在起步期，存量竞争无可回避。根据 Quest Mobile 数据，中国互联网典型媒介类型广告市场份额分布中，电商类广告比例不断上升，从2018年的37.5%到2019年的38.4%，预计2020年达到39%。其中阿里巴巴集团凭借海量用户和成熟的电商广告模式，牢牢占据业内领先地位。2019年阿里巴巴一方面继续整合内部广告资源，聚划算、天天特卖、淘抢购合并为全新淘系营销平台，深度挖掘平台广告潜力；另一方面继续加大下沉市场渗透率，抢夺增量市场用户。后疫情时代，开启了"线上引流＋实体消费"的新模式，电商广告也呈现了新的特征：一方面是借助新媒体、新渠道助力经济复苏，如电商直播、短视频营销等方式；另一方面是电商平台作为广告主推陈出新，运用新的营销策略为平台引流。

2021年5月19日，京东发布第一季度财报。财报显示，第一季度

① 易观分析. 中国互联网广告市场年报2020［R/OL］. https：//www. analysys. cn/article/detail/20019889.

营收 2032 亿元人民币，市场预估为 1908.69 亿元人民币，去年同期为 1462.05 亿元人民币。京东年度活跃用户数由 2020 年 3 月 31 日之前 12 个月的 3.874 亿增加至 2021 年 3 月 31 日之前 12 个月的 4.998 亿。[①] 在广告方面，京东广告团队构建新的算法，该算法有效利用了电商领域丰富的商品类目信息，创新性地将商品类目信息与商品主图共同作为主图特征提取模块的输入，提取基于特定先验类目信息的商品主图特征，大大提高了 CTR（点击率）预估的准确度。

1. 电商广告新形式：电商直播与短视频营销助力经济复苏

CNNIC 发布的第 47 次《中国互联网络发展状况统计报告》显示，截至 2020 年 12 月，我国网络直播用户规模达 6.17 亿，占网民整体的 62.4%。其中，电商直播用户规模为 3.88 亿，较 2020 年 3 月增长 1.23 亿，占网民整体的 39.2%。后疫情时代，网络直播成为拉动经济内循环的有效途径。依托电商直播频道而形成的电商直播广告，主流形式有两种：一是品牌主和商户与人气 KOL 合作直播，利用 KOL 的粉丝效应促进商品销量的提升；二是品牌主和商户员工作为品牌专家上阵宣传，凭借对产品的了解深度和专业度，增强消费者对商品推广信息的信任，拉动产品销售。在开展电商直播广告时，品牌主和商家都会为直播中的商品提供限时优惠，并在直播界面上设置商品购买跳转链接，激发消费者的购买欲并缩减"种草"到"拔草"的时间，在直播期间高效提升产品销售量。

电商直播既有薇娅、李佳琦这些专业主播模式，还衍生出"主播＋明星"带货模式、"县长"带货模式、"电视主持人"公益带货模式。

---

① 壹览商业. 图解京东 2021Q1 财报：用户数逼近 5 亿·2021［EB/OL］. http：// www.linkshop.com.cn/web/archives/2021/468184.shtml.

直播电商广告的作用不仅在于助力经济复苏，还能实现公益赋能，营销模式创新。2020 年 4 月 6 日晚，央视新闻和李佳琦共同推出"谢谢你为湖北拼单"公益直播。由于疫情影响，原定同框出镜的朱广权和李佳琦选择网上连线的方式带货。继"带货王"李佳琦和"国家级段子手"朱广权的"小朱配琦"组合一炮打响之后，央视主持人欧阳夏丹化身"带货官"与演员王祖蓝组成"谁都无法祖（阻）蓝（拦）我夏（下）丹（单）"组合，在快手上演了带货首秀。

在短视频营销方面，短视频作为新兴媒介成为广告主青睐的投放渠道。根据 Quest Mobile 数据，广告创意落地页在电商平台投放费用占比较高的典型媒介前两位均是短视频类应用，分别是占比 75.0% 的西瓜视频和占比 60.09% 的抖音短视频。短视频平台也进军支付领域，2020 年，字节跳动、快手陆续通过收购方式获得支付牌照，形成电商业务闭环。短视频还实现了直接与工厂对接、自产自销。如李子柒的原创田园生活类短视频在全网拥有上亿粉丝，形成品牌化效应。

2. 电商平台营销策略："反套路营销"与"植入式广告"为平台引流

（1）电商平台"反套路营销"：网易严选×考拉海购斩获流量、京东借冷门节日营销塑造品牌形象

2020 年七夕之际，网易严选"牵手"考拉海购玩起反套路营销，以"爱就是放手"为营销主题，主张生活应更加有仪式感，直击当代年轻消费者的痛点。借助多平台扩散，并将品牌拟人化，拉近了与消费者的距离。同时借此推出七夕联名礼盒——包含前男友面膜和网易严选礼品卡。这次跨界营销之所以在七夕节点一反常规，其底层逻辑来自两个品牌对"就算一个人也要好好生活"品牌理念所达成的共识。在普遍贩卖"甜蜜"的七夕节，转而关注那些孤独的单身群体，可以说是

这次营销最吸引人的亮点。注意力经济的时代，获取消费者的注意力尤为重要，反套路营销有效吸引了消费者的注意力，同时也将品牌理念传达给消费者，得到了消费者的认同。比如网易严选的理念是为消费者甄选好产品，其推出的节日礼盒也以品质为主要竞争优势。

2020年2月，网易严选在杭州投放了一则巨幅的户外广告，上面写着"这原本是我们2.23—2.29的促销广告，现在临时换掉了。虽然一切正走向正轨，但也建议您少在公共场所聚集"，并使用特大号字体标注"还是别看这个广告了"。这则广告针对疫情大环境，临时更改广告策略，以"没有广告"的形式达到了企业形象提升的效果。

图6-2 网易严选疫情期间广告（图源：网络）

电商营销日益白热化的今天，节日的借势营销必不可少，但是除电商制造出来的"双11""6·18"以外的节日似乎较少提及。近年来银发经济登上营销舞台，表现出较好的成绩，京东借助重阳节这个冷门节日进行营销，抓准营销空档，精准定位人群，获得长尾效应。营销方式上，它并没有选择"单刀直入"的方法，而是注重社会价值，以短视频的形式刻画真实的老年人群像刷新了用户对老年群体的认知，通过每个老年人自述的方式带出营销主题：敬老爱老，不只是对迟暮的怜爱，更是理解尊重他们的生活方式。这一营销方式塑造了企业温情的品牌形象，有利于提升消费者的品牌好感度。

图6-3　京东"他老了吗"主题宣传片

（2）电商平台"植入式广告"："苏宁毅购""拼刀刀"古装剧的趣味还原

古装剧《赘婿》中，苏宁易购依靠品牌植入式广告获得大量流量。首先，它依托于原生的剧情。"苏宁毅购"本身就是从男女主角的名字中各取一字，从剧情层面就解决了品牌露出的合理性问题。另外，因为本剧穿越背景的加持，现代元素的加入令原本单调的古代故事增添了复合的趣味性，才使得线上下单线下送货、猜君所喜、好评卡、大数据等苏宁易购的常规业务在剧中还原时，让观众眼前一亮。此外，苏宁易购集团提交了"苏宁毅购"商标申请，并且推出专门的"苏宁毅购"页面，售卖剧中提及的相关商品，将消费者的注意力转化为购买力。植入式广告是为了防止受众对于广告的逆反心理而出现的，这种隐性的植入会使得品牌的显著性增强，提升受众对植入品牌的认知。

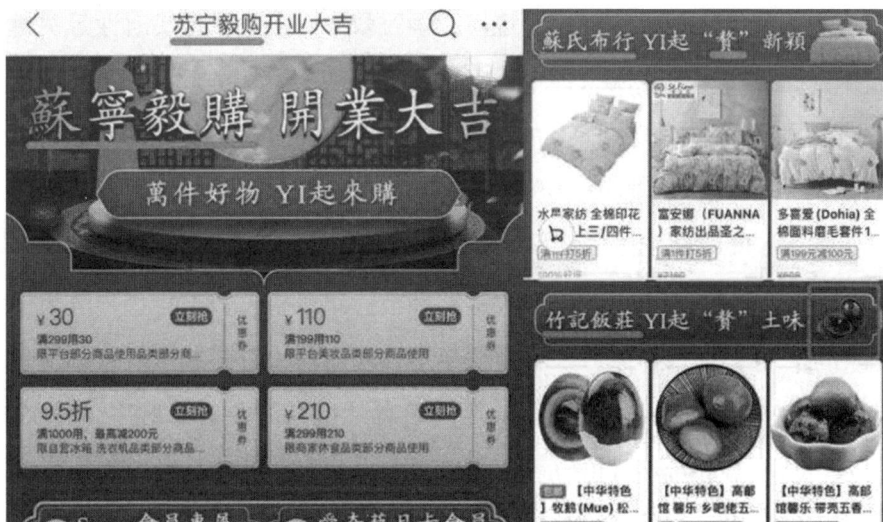

图6-4 苏宁"赘婿"广告（图源：网络）

值得注意的是，并非所有的植入式广告都能有效获得注意力，一些植入式广告过于生硬也会引起受众的反感，比如《盗墓笔记》中的红牛广告，《变形金刚4》中的360广告，非但没有提升品牌价值，反而损耗了受众的信任。因此植入式广告也需要考虑目标人群、考虑品牌特点、找到品牌广告与影视剧情的平衡点。

（3）电商广告发展趋势：技术赋能与社交链路转化

直播与短视频的发展赋予了电商广告新形式，技术赋能带来广告市场的新一轮变革，促进传统行业的数字化营销。云计算、物联网、人工智能、区块链、5G将推动数字营销的快速转化，未来将建立从数据管理、交易管理平台、智能营销管家到全路径数据分析工具的一体化架构。

首先，京东广告良好地运用了 AI 技术，2015 年就将机器学习正式运用在在线广告中，2018 年后算法升级，京东将精力更多地放在用户刻画、预估商品刻画、用户和商品关系的建模上，同时致力于发现模型应用中的使用短板，解决模型规模、学习效率、参数更新实时性等关键技术问题。2020 年"双 11"前夕，业内第一个以大数据驱动的品牌用户增长方法论——JD GOAL 的全新发布（见图 6 - 5），代表着京东营销 360 用户精细化运营能力的不断升级，JD GOAL 方法论，其被定义为靶向人群（Targeting Group）、渗透增长（Osmosis）、价值增长（Advancing）、忠诚增长（Loyalty）4 大链路环节。京东根据数据将用户分为十大靶向人群，如都市家庭、小镇青年等，以靶向人群为起点对品牌消费者资产进行定量化，链路化运营的同时有效提升消费者渗透率。其次，引入 CLV（Consumer Lifetime Value）模型，可基于近期用户购物行为及用户特征等，评估和预测未来每位用户对品牌的总体价值贡献。最后搭建起由高价值用户构成的私域品牌会员池，不断提升忠诚用户的增长和留存能力。

用户运营方法论升级–GOAL

从4A到GOAL，用户精细化运营能力不断升级，赋能品牌全链路用户增长

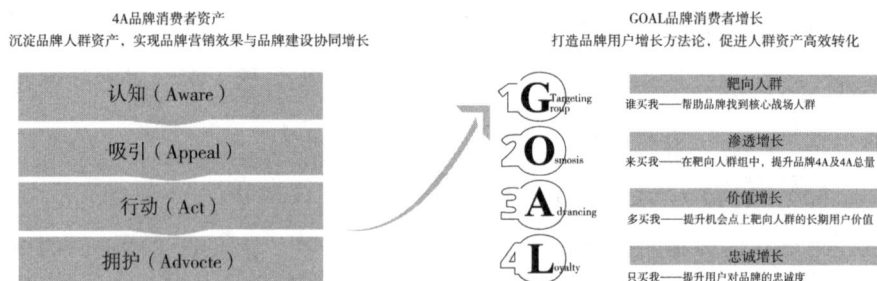

图 6 - 5　京东用户运营方法论升级 – GOAL

2020 年"双 11"期间，卡西欧携手京东数智化用户运营，通过 GOAL 方法论赋能品牌全域用户增长。

在 G（Targeting Group，即"谁买我"）——核心人群上，京东以策略分层选定 4 大诉求人群，包括小镇中产、都市中产、都市 Z 世代和小镇青年。在此基础上，于京东站外投放 KV/短视频广告，在京东站内则通过京准通、短视频发信等精准触达目标用户，加深核心靶群的渗透和增长。

在 O（Osmosis，即"来买我"）——加深渗透上，卡西欧借助京东黑珑检测工具，将站外媒体引流数据回流至京东电商平台，如通过朋友圈、抖音等的站外引流和京东直播等站内引流共回流数据 700 余万条，从而畅通品牌全域营销链路。此外，在"双 11"期间，京东联动站内外进行全网搜索关联，并加入平台搜索霸屏资源，把控节奏形成闭环，实现品牌资产沉淀。

在 A（Advancing，即"多买我"）——提高价值上，京东针对卡西欧的已购人群进行 CLV 高价值人群运营，通过定制化京选人群包（京准通）识别并持续卡西欧的高终身价值客群，并配合京东广告部进行人群标签共建。

在 L（Loyalty，即"只买我"）——会员提效上，京东通过裂变券和联合开卡扩充卡西欧会员数，如利用京豆刺激等加大与卡西欧品牌的联动，提升用户对卡西欧的忠诚度；联动付费广告，主动触达高价值会员人群，搭建由高价值用户构成的私域品牌会员池。

卡西欧"双 11"购买人群分布中，4 个核心诉求购买人群的占比都有所提升，其中小镇青年的占比提升最为突出；双 11 期间，卡西欧品牌高价值成交人群取件新增环比提升 2%，整体人群增值效果明显；此外，卡西欧品牌会员实现突破式增长，会员总量增长 7400%，会员成交人数占店铺成交人数的 27.61%，会员累计成交金额占店铺成交金额的 12.67%。

如在广告库存方面，小米拥有"手机 + IOT + OTT"的综合平台布局，为品牌方提供多平台投放服务，尤其是在移动人口流量红利消失的今天，小米在物联网营销方面优势明显，拥有后发潜力。

2020 年 9—10 月 Tiffany T1 系列全线上新，Tiffany 携手小米开启"AI + OTT"全链路营销。通过技术 + 场景赋能，为品牌打造强势传播新阵地。通过小米 OTT 全链路营销，创意开机 + AI 尾帧，引导呼叫关键词，进入桌面后呈现 Tiffany 首页拼图，触达小米 OTT 高端人群，点击可以进入品牌阵地"大屏甄选店"，持续引导用户行为，深度影响消费者。一方面，通过品牌 TVC 与小米电视原声结合定制创意；另一方面，打破传统"遥控器互动"模式，借助电视小爱同学，用语音呼叫方式进行唤起，让消费者亲自参与，并在业内首创大屏甄选店。大屏甄选店，能够承载更多品牌视频及产品，内容长期留存，成为品牌电视公众号，借助 OTT 实现内容营销。通过大屏私域运营，助力核心人群持续高转化。最终总曝光量超 4.8 亿次。

在流量红利触顶之后，对于垂直行业的精细化运营，就成为电商 2.0 时代的主战场。掌控了垂直行业，就掌控了电商行业模式创新的制高点，也找到了新的业务增长点，以及推动股价飙升的新的价值点。小红书作为垂直类美妆时尚类的应用，依靠垂直类经营和社交链式的营销实现盈利。作为生活方式社区，小红书因"种草经济"闻名。在小红书，一个用户通过"线上分享"消费体验，引发"社区互动"，能够推动其他用户去到"线下消费"，这些用户反过来又会进行更多的"线上分享"，最终形成一个正循环。迄今为止，小红书形成了一套平台独有的 B2K2C 模式，在 B2K2C 的闭环链路中，品牌通过 KOC 的真实体验和分享在社区树立口碑，去影响更多用户的消费行为，用户通过分享消费体验，再反向影响品牌和其他用户，形成正循环。基于此，小红书也成为爆款产品和未来品牌的孵化器。截至 2020 年 12 月，小红书社区汇聚了全球 230 多个国家和地区近 8 万个品牌。依靠用户生产的海量真实笔记，小红书已经成长为全球最真实的消费口碑库，更成为新品牌尤其是新国货品牌取得用户信任的关键一步。

此外，小红书主打的拼团模式以低价吸引用户，通过"砍价"的方式实现商品影响力在社交链路中流转，能有效为平台引流，直接激活了下沉市场。社交路径是在当前环境下激活存量的重要方式，这种路径依靠熟人之间的交往，通过裂变式传播和信任背书实现收益的指数级增长。因此，技术赋能和社交链路转化有望在存量竞争中突出重围成为平台引流营销的主要方式。

（三）信息流广告

信息流广告也称 Feeds 广告，是指出现在社交媒体平台用户好友动态中的广告，主要是夹杂在用户想要阅读的信息之中，信息流广告能根据社交群体属性对用户的喜好和特点进行智能推广。

信息流广告以用户需求为中心，提升用户广告体验为目标，打破传统广告的内容与形式的壁垒，使得广告融入内容之中。信息流广告依托海量的用户数据和信息流生态体系，可精准捕捉用户意图，有效降低用户干扰，将广告展现给目标客户，并且容易激发受众的主动性，促使其主动接受、分享。根据易观分析《中国信息流平台品牌服务价值分析》调研发现，2020 年上半年，中国信息流平台月均活跃用户达到 9.5 亿，日均活跃用户达到 5.3 亿，相较于其他领域，广告位资源丰富，营销价值显著。①

1. 信息流广告进入成熟期，头部矩阵占据主要市场份额

2012 年，新浪微博信息流广告发布测试版，宣布国内信息流广告市场开启，国内大型互联网平台纷纷入局，市场发展迅速，竞争白热化明显，整合成为行业发展方向。目前信息流品牌服务市场已经进入成熟期，格局基本形成，头部整合性平台占据主要市场份额。与此同时，据第三方数据机构易观发布的《中国信息流广告市场专题分析》，信息流广告市场规模 2020 年将达到 2211 亿元，较 2018 年翻一倍，其中百度、头条、腾讯三家头部媒体占据市场份额的 70%。②

在初步发展成熟的信息流内容平台市场，单个 App 和平台力量稍显薄弱，头部企业纷纷整合信息流平台，结合自身特性，强化生态优势。例如，腾讯打通内嵌信息流、独立咨询 App 和微信小程序在内的多个信息流平台，将其整合为腾讯看点综合信息流服务矩阵，突出整体作战优势。阿里汇川依靠阿里大数据优势和技术能力，整合了 UC 浏览器、UC 头条、PP 助手、阿里大文娱的媒体资源，整合用户对信息流产品的浏览偏好数据、搜索数据、应用数据、社交数据等，精准匹配实现广告触达。

2. 信息流广告成为广告主重要投放渠道，产品模式基本成熟

目前，信息流广告凭借着性价比高、品效合一等特点，已经备受广告主的青睐，在互联网营销中，已经成为广告主进行投放的主要渠道之一。根据易观品牌主和代理商的访谈结果，汽车行业、3C 行业、教育

---

① 中国信息流平台品牌服务价值分析·2020 ［R/OL］. https：//www.analysys.cn/article/detail/20019941.

② 中国信息流广告市场专题分析·2019 ［R/OL］. https：//www.analysys.cn/article/detail/20019289.

行业、游戏行业、金融行业、食品饮料等行业广告主均认同信息流广告是目前的主要投放渠道。①

信息流广告的产品模式已经基本成熟，为广告主提供包含用户定向、创意制作、oCPX 在内的服务矩阵，帮助广告主增加品牌曝光，提升转化。信息流广告通过大数据技术建立用户画像，根据用户的使用习惯、情感偏好帮助广告主精准定位目标用户，实现广告精准触达，实现精准定位；目前的信息流广告已经开始尝试引入 AI、5G 等新技术，丰富广告创意，提升用户的沉浸式体验；信息流广告主要采取以转化为主要目标的 oCPX 的计价投放方式，帮助广告主节约成本，提升转化率。

与此同时，信息流广告通过跨屏、跨终端投放、沉浸式视频流等创新形式，加上"信息流广告展示＋转化"的品效合一的特点，更加符合广告主的需求。目前，小红书 App 根据用户的浏览足迹和搜索记录等信息，推送用户感兴趣的内容与广告；朋友圈的信息流广告将品牌调性与目标客户特质相匹配，定向投放广告，实现千人千面的广告沉浸。②

以兰蔻七夕情人节广告投放为例，兰蔻新品首选投放平台为微信朋友圈，抓住"七夕情人节"这一重要营销节点，推出限定皮革唇膏礼盒，通过朋友圈信息流广告进行营销推广。此次投放采用了滑动式视频广告，充分展现了皮革唇膏的质感和细节，让用户纷纷"种草"；同时使用合约效果化能力，优化小程序下单，在充分曝光的前提下尽可能带动转化，实现品效合一。广告上线后，礼盒快速售罄，ROI 翻倍提升。反观这个案例，本次投放主推品牌的七夕限定皮革唇膏的礼盒，在七夕

---

① 中国信息流平台品牌服务价值分析·2020 ［R/OL］. https：//www. analysys. cn/article/detail/20019941.

② 姜智彬. 技术赋能："十三五"时期的中国广告行业变革 ［J］. 编辑之友，2021（01）.

前夕通过官方小程序进行售卖。通过朋友圈信息流广告的推广，有效提升限量款的品牌声量、彰显品牌质感，同时也刺激销售转化，实现营销目标。本次投放使用了滑动式卡片广告。高品质的视频素材充分展示了限定皮革唇膏礼盒的质感，吸引用户关注，再利用滑动式的样式刺激用户与品牌互动（向上滑动解锁礼盒），有效地提升了点击率。同时借助品牌首评能力，带动用户，评论率超过行业均值五倍。① 兰蔻的营销体现了营销3.0向4.0的转变趋势，营销4.0是实现自我价值的营销，兰蔻将营销的中心转移到与消费者的积极互动，尊重消费者的主体价值观，由于互联网、物联网所创造的"连接红利"，兰蔻成功与目标客户产生连接点，成功洞察并满足到连接点的需求，帮助客户实现了自我价值，"消费者比特化"特征逐渐显现。

3. 信息流广告通过多场景转化，助力品牌触达全量

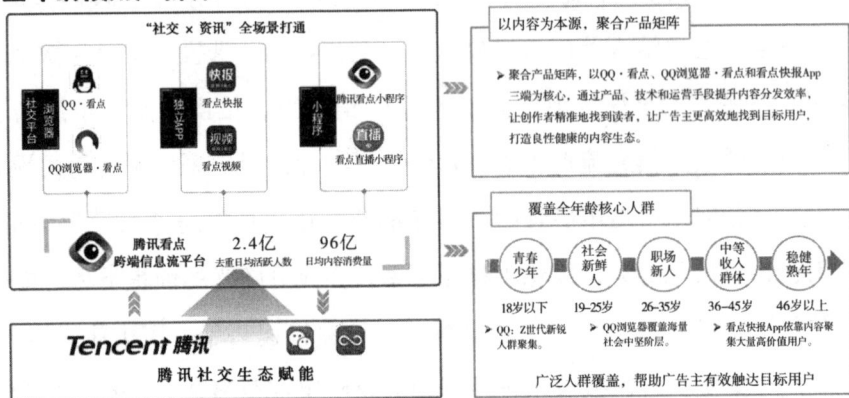

图6-6　腾讯看点的产品矩阵（来源：易观分析）

---

① 厚拓. 兰蔻通过朋友圈广告推广引流用户小程序下单［EB/OL］. http://www.szhometop.com/detail/hydt/2155.

目前，信息流广告在传播过程中，打通"社交×资讯"全场景，通过产品、技术和运营手段不断提升内容分发率，让广告主精准找到目标营销客户；通过实现"人找信息"到"信息找人"的闭合全链，将广告内容、目标客户和服务品牌精准连接；通过一系列产品与技术创新服务不断提升信息流广告的定向、触达、转化效果，形成良性健康的内容生态。而目前，多数信息流广告通过多个端口，打造社交场景与所推广的产品实现生态建立，整合多场景优势，全面覆盖全年龄核心用户。以腾讯看点为例，通过浏览器、App 和小程序，全面打造社交场景、资讯场景等多场景覆盖，整合多场景优势，全面覆盖 Z 世代、社会中坚等全年龄核心用户，在为品牌投放覆盖更多用户的同时，也为精准触达高价值 TA 提供更多可能，使得"触达"实现在"质"与"量"双维度下的高效升级。

4. 信息流广告互动性越来越强，开启价值观营销时代

信息流广告的优势，在于突破传统广告的被动接受形式，信息流广告改变了"填鸭式"广告灌输，变为主动推送。随着技术的发展，如今的信息流广告的互动性逐步增强，用户的参与度越来越高，线上与线下的联系越来越多，通过评论、转发、填写连接等参与形式，实现了触达率更高的宣传效果。以雪佛兰微博信息流广告为例，通过微博开屏广告，将"5.20"优惠活动展现在开屏广告的海报上，重点部分有特殊颜色，用户第一眼就可以看到重点部分优惠信息，再加上车的展示图更加吸引用户。进入落地页之后，雪佛兰借父亲节的热点做借势营销，还有优惠信息的详细说明，并且截止日期在 6 月 30 号，利用中间的十天时间，增加用户的紧迫感，并送上雪佛兰的大量优惠，用户通过填写表单信息，填写姓名、手机号，选择要试驾的车型，就可以预约试驾了，

提供的都是雪佛兰比较火的系列车型，实现了线上线下的高度互通。[1]
雪佛兰借助微博信息流广告增强了品牌在用户心里的记忆度，有效地抓住了用户的眼球，实现了目标客户抓取，同时提高了互动率，线上线下的高度参与实现了良好的营销效果。营销4.0时代更多的是一种价值观营销，变化在于市场是动态的、消费者需求是动态的，雪佛兰在这一场营销中，成功把握到品牌策略和品牌运动的常变常新，通过微博的开屏广告，实现自营平台和第三方平台电商渠道完善消费决策类标签，实现与用户的良性互动，实现品牌与目标客户的价值观互动。

（四）社交广告

社交广告是指根据广告主的诉求，在社交平台或其他存在社交关系链条的场域中投放的广告。目前，社交广告主要依托两大社交关系链条场域，分别是诸如微信、微博等传统的社交平台，以及以 KOL 为中心的红人粉丝社交生态，二者共同构成社交广告的传播场域。

1. 广告格局：外部开放式发展与头部平台的闭环式提升

从过去一年的宏观背景来看，一方面，由于互联网媒体平台"社交化"的发展趋势，传统由腾讯系主导的社交广告"中心化"局面被进一步打破，社交广告利基市场更为显现普及，呈现平台外部开放式发展的态势，社交广告的广告格局也前所未有地扩大。一直以来，微信这一巨头社交软件利用微信朋友圈及小程序广告为腾讯广告收入贡献了一半以上的份额[2]，使腾讯系社交营销持续领跑。

---

① 搜狐. 雪佛兰汽车微博粉丝通开屏广告品牌营销［EB/OL］. https：//www. so-hu. com/a/390776141_ 100041122.

② 腾讯. 2020 年财务报［R/OL］. https：//www. tencent. com/zh－cn/investors. html#in-vestors－con－2.

图 6 - 8　腾讯系社交广告图谱

（资料来源：腾讯平台）

　　B 站、抖音、快手、知乎、豆瓣、小红书等媒体平台的社交化发展，其规模虽不及微信，但已经成为垂类领域营销的重要阵地，传统微信、微博的社交广告投放有所下降，投放行为从微博、微信等图文平台向垂类、"种草"力更强的平台转移。例如，B 站主打游戏、二次元内容营销；小红书主打时尚、美妆内容营销；豆瓣、知乎主打知识型内容营销；甚至今日头条、学习强国亦能在面向中年人群的营销中分得一杯羹。由此可见，随着互联网媒体平台的界限模糊，传统意义上并未被视为社交媒体的资讯平台、视频平台乃至生活服务平台，都因为其社交链条的内置而被视为重要的垂类领域营销渠道，对社交广告而言利基平台日益凸显普及。

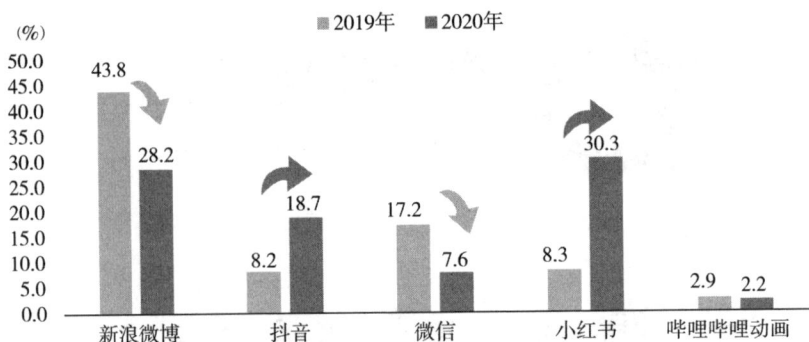

图6-9　美妆类社交广告投放平台比例及变化①

（数据来源：微博易大数据平台）

另一方面，社交、电商平台逐渐融合发展，例如微博、微信等头部社交平台呈现出由"向外发展"路径向"内部治理"路径转变的态势，纷纷加速自建社交营销生态闭环，试图在平台内部完成私域流量的经营和变现。例如，抖音平台切断第三方来源，平台内社交广告投放所展示商品只能来自抖音小店；快手与京东零售宣布签署战略合作协议，联合推出"双百亿补贴"，并推出商家"双百"扶持计划，让京东商品全线进入快手平台；微博推出"微博小店"，提供一站式店铺管理服务；B站在社交广告视频中开放挂链接服务，内测直播间挂链接；小红书红人直播间测试添加淘宝外链，进一步打通"种草""拔草"的环节。

这些都说明社交、短视频和电商平台之间的界限逐渐模糊，社交广告的作用不再仅限于连接用户与商品，更在于压缩用户决策流程和评估过程，为其提供指定式购买地址，有效提升变现率。

① 微博易大数据平台.2020美妆行业短视频营销报告［R/OL］.https：//wby-download-storage.oss-cn-beijing.aliyuncs.com/weiboyi/marketing/20200204.pdf.

2. 营销 4.0 时代：社交广告营销目标从"入圈"向"破圈"跨越

如今，圈层化成为用户数字化生存的一个特点，用户的媒介接触也从传统"千人一面"的情况变成了依据自身喜好、要求组建"媒介菜单"的形式，媒体广告投放也不再存在"一个平台、一种手段制胜"的情况了。

传统的社交广告营销，其逻辑是通过大数据多维度分析用户画像，力求广告能精准触达对其有兴趣、有关注的粉丝群体内部，把这部分粉丝流量转化成产品购买力，这实际上是一种"入圈"的操作逻辑。

而面对日益坚固的圈层壁垒，社交广告营销如若只着眼于圈层内部的核心粉丝群体，则是主动地将营销范围缩小至圈层内部，营销 3.0 时代基于数据分析对用户画像投放社交广告的模式也不再奏效，这种手段逐渐无益于社交广告的市场扩张。

在营销步入 4.0 时代的背景下，云计算、大数据、AI 等技术不再着眼于对单一个体的标签化，而在于更有效、更快、更精准地划定具有共同价值观的圈层，用社群的分享和价值共振达到营销目标。① 基于此，如今社交广告开始利用大数据对用户的社交数据建模，以划定用户圈层并依据不同圈层的用户差异性对社交广告制定差异化的媒体组合及投放策略，不仅着眼于与品牌高度相关的核心圈层，更是尽力寻求其余边缘圈层的认可，这即是营销目标从"入圈"向"破圈"的跨越。

例如，2020 年，腾讯提出"社交能"概念，即基于用户的社交媒体互动行为来构建不同圈层用户的广告投放模型，其优势在于既可以通过用户的媒体互动行为深入分析不同社交圈层的人群差异，又可以通过

---

① 王赛. 营销 4.0：从传统到数字，营销的"变"与"不变"——"现代营销学之父"菲利普·科特勒专访［J］. 清华管理评论，2017（03）.

社交圈层划分衡量广告投放的圈层份额及效果定位。具体而言，其操作要点分两个步骤：（1）依据用户媒体互动行为划定用户圈层，一般可按互动亲密程度将用户划分为社交圈、朋友圈、粉丝圈三个圈层；（2）通过圈层用户差异寻找应对不同圈层的社交媒体引力，并以此偏好计算投入的社交份额。例如，荣耀手机在广告投放时，对于核心粉丝圈用户采用朋友圈视频广告的方式投放，重点营销李现惊喜"评论"朋友圈广告，获得粉丝关注；对于普通朋友圈用户则采用朋友圈翻转广告的形式，通过翻转朋友圈广告卡片进入观看手机宣传视频，并可一键进入购买渠道或进入品牌公众号；而对于边缘社交圈用户则更多采用粉丝转发、宣传的形式，撬动边缘人群热度。

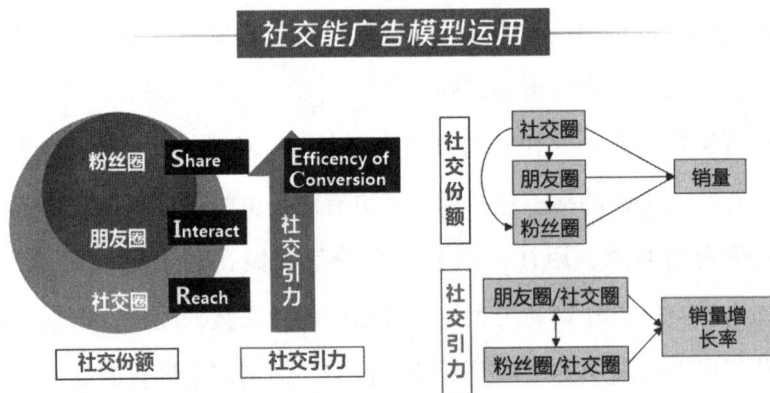

图6-11　腾讯"社交能广告"概念说明①

（资料来源：腾讯社交广告平台）

　　未来，社交广告的侧重点应更多放在如何利用不同的广告策略进入不同圈层用户的"媒介菜单"之中，提升广告对不同圈层用户的吸引

---

① 腾讯社交广告."社交能"花式点燃互动热潮，助力荣耀30系列强势出圈［EB/OL］. https：//e. qq. com/success/detail/？pid＝4333.

力，并在这种差异化营销中寻找品牌营销的共识及"最大公约数"。否则，社交广告的营销则将陷入不同的、狭小的圈层中，从而导致在不同圈层用户遇到认知冲突时产生对品牌认知的强烈拉锯，有损品牌社交声量。

3. 视频手段助力社交广告创造外部声量与聚合内部声量

社交广告的营销目标是通过社交数据关注与创造关于产品、对象的社交总声量，这不仅包括消费者对该产品、对象消费所产生的内部声量，同时也包括社交媒体及其社交传播链条上所涉及的所有外部信息、其他评价所累积的外部声量。[①] 在营销 4.0 时代，外部信息和其他用户的评价越来越多地影响着用户的购买决策。

随着 5G 技术的应用，视频传播会日益成为社交表达的主流。由于人本能的"生动性"偏好影响，视频表达带来了比文本表达、音频表达更高的关注度及更好的效果。[②] 随着直播、短视频等技术在社交广告中的普及应用，视频手段已不仅是社交广告的内容表达，同时也是社交广告吸聚用户、达成与用户交流沟通的媒介，体现出"媒介内容化，内容媒介化"的特点。

一方面，社交广告越发擅长用视频手段在社交平台形成刷屏式营销，可以实现短期内创造、累积外部声量的效果，有利于品牌进行情感认知相关的宣传。这是因为相比文字内容、图片内容而言，视频能够承载更多关系表达、情感展示的非理性内容，如一个表示认可的微笑、一个注视的眼神都有可能给用户带来强烈的情感共鸣和认同，这是传统文

---

① 沈思永. 大小数据结合，实现营销 4.0 时代的深度洞察［EB/OL］. https：//mp. weixin. qq. com/s/YzfHlTdZ－zoClMor－VLhZA.

② 喻国明，杨雅，曲慧，耿晓梦，杨嘉仪. 5G 时代"视频＋"的重要应用场景研究［J］. 中国编辑，2020（11）.

字、图片社交广告所不能比拟的。

另一方面，社交广告也更擅长用视频手段来作为连接消费者的媒介和空间，达到建立消费者社群、聚合沉淀消费者内部声量的效果。视频作为社交广告吸聚用户、交流沟通的媒介渠道，更有利于实现品牌与用户之间无中介化的实时互动，方便品牌与用户建立一对一的沟通关系，让广告效果通过视频对话的方式即时反馈。例如，迪奥与微博联手开展四场线上秀展直播，从秀前、秀中、秀后三阶段完美复现线下时装秀全过程 —— 用直播前社交预热代替线下秀展社交时间，用直播导流代替线下秀展的媒体曝光，用直播后社交平台的短视频回顾代替线下秀后派对，将视频作为连接品牌与用户的社交渠道，将直播间、短视频作为品牌官网、小程序的嵌入场地，实现用户聚合及实时沟通。

可见，视频之于社交广告而言不仅是一种表达手段，更是一种连接媒介。未来社交广告应转变思路，不仅着重创造外部声量，更应重视积极开拓视频的媒介属性，将视频化的社交广告打造成集内容表达、用户聚合与社交互动共存的场景或生态。

（五）创意中插广告

创意中插广告主要指在网络电视剧或网络综艺中，围绕剧情进行策划、由影视作品中的演员出演、时长一般在 30 ~ 60 秒之间，主要是以小剧场或番外篇形式出现的软性广告形式。

1. 疫情激发"宅经济"，推动长视频价值回暖

创意中插广告主要依托头部网络剧集综艺，借势超级 IP 流量以增加品牌曝光，因而创意中插的市场前景挂钩长视频内容的发展。2018年以来，在抖音、快手、B 站等中短视频的冲击下，常年处于亏损状态的爱优腾等长视频平台的价值曾被质疑。

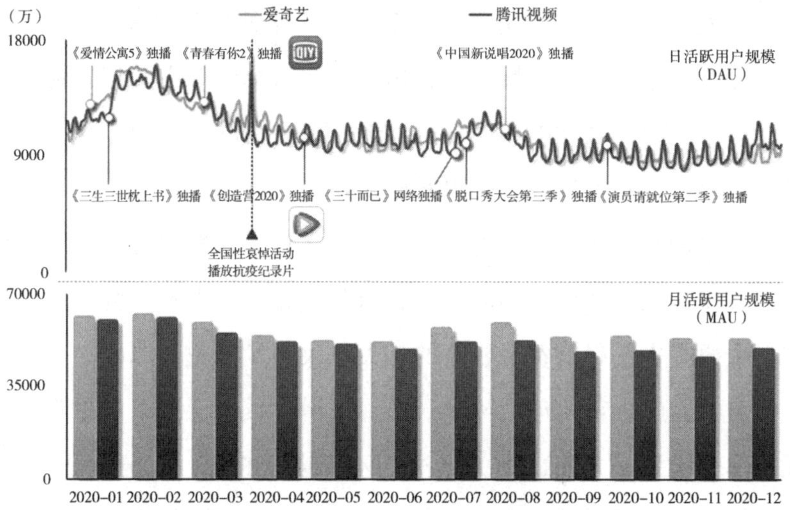

图 6 – 12 2020 年在线视频行业 App DAU&MAU TOP5①

（数据来源：QuestMobile TRUTH 中国移动互联网数据库，2020 年 12 月）

2020 年疫情激发的"宅经济"使网民日均网络使用时长大大增加，相较于短平快的短视频，大块的时长溢出更加利好长视频内容。Quest-Mobile 数据显示，在春节长假期间，作为长视频平台第一梯队的爱奇艺、腾讯视频日活用户使用次数均保持在 8 亿上下。长视频价值的回归带动创意中插广告的持续发展，中插广告已成为各大头部剧综的标配。创意中插广告即拍即上的属性为品牌方提供考察剧集综艺品质与播出热度的空间，相对植入广告更能降低投放风险、最大化广告投放效果。

① QuestMobile. 2020 中国移动互联网年度大报告［R/OL］. https：//www. questmobile. com. cn/research/report – new/143.

2. 相关法律监管有待完善，内容制作需平衡创意与收益

创意中插作为主线剧情的内容衍生，在法律法规中的广告性质定位较为模糊。因而，创意中插广告自出现以来一直缺乏有效监管，随其发展进入下半场，各类争议问题也开始显露。

一是付费会员的广告权益争议。一般视频平台推出的会员服务包含免广告特权，但中插广告却成为"例外"，随着消费者付费会员习惯的养成，中插广告侵犯消费者权益的相关争议频发。究其原因，一方面是当下创意中插广告普遍创意不足、质量下滑、数量泛滥，严重影响观众的观看体验；另一方面，相关立法还不完善。根据《广告法》第四十四条的规定，利用互联网发布、发送广告，不得影响用户正常使用网络。在互联网页面以弹出等形式发布的广告，应当显著标明关闭标志，确保一键关闭，但中插广告的适用情形并未得到明确规定。

二是推荐产品服务的广告代言责任争议。创意中插广告审查流程简单，兴起初期吸引多家互联网金融平台，当网贷平台出现暴雷后，其作为高风险产品，引发了诸多针对曾推荐相关服务人员负有广告代言责任的争议。例如，湖南卫视主持人杜海涛在中插广告中推荐"网利宝App"，在该平台暴雷后受害者对杜海涛本人进行起诉，但对方以未签署"代言合同"为由声称无责任，2021年2月法院已经立案审理。尽管当下创意中插的品牌方多为食品饮料、美妆、互联网等风险较低的行业，但相关人员是否应该担负作为广告代言人的责任还需进一步完善法律法规。

2012年，为整治电视剧中插广告乱象、改善观众收看体验，广电管理部门发布规定"禁止电视剧中插广告"。2021年全国两会期间，有委员建议适当恢复电视剧中插广告，以推动优质内容生产。尽管不完全等同于传统电视中插广告，但鉴于电视经验教训的警示，以及视频平台广告业务和会员业务间的"零和博弈",网络剧综的创意中插广告需尽快规范,做好创意与收益的平衡。

3. 秀综内容优势独特,中插效果独树一帜

进入下半场的创意中插广告在剧本设计、拍摄制作、平台管理等方面都存在一定不足,越来越被观众诟病,创意中插广告已毫无"创意",沦为硬广。但《青春有你》《创造营》《这!就是街舞》等选秀类综艺的创意中插广告却一直备受观众欢迎。究其原因,一是综艺节目情节密度相对较低,加之剧集向短、综艺变长的趋势,综艺节目在插入节点的选择上相对有更多的空间,较易做到适宜、分散;二是综艺节目场景更贴近生活,中插广告的创意难度较低;三是选秀类综艺通常选择选手出演中插广告,这对选手来说既是宝贵的展示机会,又是对其人气和商业价值的肯定,该选手的粉丝观众也会因此得到极大满足,在粉丝经济逻辑的推动下,粉丝对于偶像的支持热情便通过中插广告高效转化为品牌好感度的建立、购买力的变现。例如,《青春有你3》中蒙牛真果粒的中插广告选择了六位 Rap 组练习生以"真果粒"为题进行 free-style 表演,其间贡献了不少金句,在展示真果粒产品卖点的同时又是练习生的一次自我展示。从真果粒与《青春有你》连续三年的长期中插广告合作也可看出,这是一次双赢的营销。

但值得一提的是,选秀类等综艺节目在进行广告合作营销时,需倡导粉丝理性支持偶像,合理消费。一味鼓吹粉丝通过购物进行打投,甚至发生粉丝大量购买牛奶倾倒只为获得偶像投票助力这种与社会节约倡议相悖的浪费行为,最终将使品牌方与内容方双双损失惨重,品牌社会形象大打折扣,得不偿失。

(六)互动视频广告

互动视频广告,是指在视频内容中添加了交互元素,观众可自主选

择广告内容、决定剧情导向、探索隐藏内容的互动广告。

互动视频并不是一个全新的概念。1967年，第一部剧院互动电影《电影自动机》（Kino – Automat）在加拿大蒙特利尔世博会捷克馆公映。20世纪70年代，以光盘为存储介质的互动影像诞生，激光视盘播放机成为最早的随机存取的非线性影音播放设备，可以任意跳转并播放视盘内任何一段章节。20世纪90年代前后，互动影像装置逐渐成为一种跨越媒介形态的混合型媒介，涉及运动图像、装置艺术、数字媒体、建筑艺术、表演艺术等。

流媒体平台的出现与发展助推网络互动视频形式出现在大众视野之中。近年来大火的网络互动电影包括 Steam 在2016年发行的《晚班》（Late Shift）、Netflix 在2018年发行的《黑镜：潘达斯奈基》（Black Mirror：Bandersnatch）、Steam 在2019年发行的国产互动电影《隐形守护者》等。这些优秀作品为互动视频形式赢得了良好的口碑，也让业界对互动视频的发展前景有了更多的期待。国内传媒巨头如腾讯、爱奇艺、哔哩哔哩近年来在互动视频领域抢滩布局，致力于打造互动视频内容生产的生态体系。2019年5月，爱奇艺首次提出了互动视频标准，将其应用在影视内容、综艺节目、广告营销等多个领域。

1. 互动营销赋能品牌推广，提升品牌喜爱度

互动视频广告的产业链可分为上游主体的广告主、中游参与者的社交媒体及长视频平台和下游的视频观众。随着日常消费类产品的市场逐步细分，企业更加追求小群体的共鸣度。互动视频广告多选择社交媒体、长视频平台作为营销渠道，与广告主的需求契合度更高。腾讯视频发布的《2020大剧营销趋势洞察报告》显示，观剧用户的行为偏好发生的主要改变体现在具备"极高的互动诉求"上，互动视频广告即能

够满足下游用户群体的互动诉求。①

相较于原生广告，互动广告具备以下优势：首先，互动广告多以剧情为基础进行创作，凭借与剧集内容的高度融合，能够快速地俘获观众；其次，这类全新的品牌广告形式新颖、玩法生动，能够给用户留下深刻印象，用户也更易对其产生兴趣；最后，互动玩法带给观众的控制感、沉浸感与参与感，是提升品牌好感、加速品牌转化的重要因素。因此，各大社交媒体及长视频平台纷纷推出互动视频广告产品，推动了整个行业的发展。

2. 多样互动形式组合，激发品牌曝光势能

互联网营销 4.0 时代的到来，让过去单纯的以"产品为中心"和以"消费者为中心"的模式逐渐失效。在信息爆炸的媒介生态环境下，消费者的行为都是在特定的场景下进行的，他们通过场景来认知产品，在不同的场景中具有不同的需求。企业开展互联网营销需要在特定的场景下，将产品卖点与消费者需求相对接，有效地触动消费者的痛点和痒点，引起消费者的情感共鸣，激发购买欲望，建立起良好的互动关系，形成消费者黏性和忠诚度。互动视频广告能够顺应故事场景化的特点需要，通过共同的体验而提升品牌传播的质量，使消费者主动地接受品牌，从情感上喜欢品牌，进而与品牌形成相互信赖的亲密关系。在同类品疯狂崛起的时代，一个足够精彩的故事，加上体验，将产生涟漪效应。

根据头豹研究院发布的《2020 年中国互动视频行业概览》，互动视频广告可分为选择类互动和手势互动类两种。② 选择类互动广告会随着视频

---

① 腾讯视频.2020 大剧营销趋势洞察报告［R/OL］.https：//www.sohu.com/a/ 399124803_665157.

② 头豹研究院.2020 年中国互动视频行业概览［R/OL］.https：//www.waitang.com/re-port/27638.html.

进展的关键节点（如道路选择、行动抉择等）出现简单的选项，观众可根据自身倾向进行选择。这类视频的主要目的在于传播商品信息。2020年，网剧《清平乐》热播，珀莱雅与腾讯视频结合剧情和剧中角色推出了首支互动 mini 中插广告。这支互动 mini 中插紧密贴合《清平乐》的剧情发展，以解答苗娘子的困惑引出双视角选项，来作为情节的衍生。在广告过程中，观众可以选择"多喝热水"或"神秘好物"以推动情节发展。这样沉浸式的营销方式一方面能够使用户与品牌产生更多良性互动，提升用户好感度，另一方面借助苗娘子与宋仁宗青梅竹马这一身份，突出其"长情陪伴"的角色人设，与互动故事中"长久的陪伴官家要经得起时间考验"相呼应，也进一步凸显了互动故事内容与剧情间的较高关联。这类广告形式能使用户的广告停留时间增长 30% 以上。

图 6 - 13　选择类互动广告

手势互动类视频中，观众通过手指在视频上画出特定形状、从而推进视频进程。该类模式下互动方式相对简单，主要目的为增加观众观看广告的兴趣。2020 年 5 月，宝格丽与腾讯视频携手推出了轻互动闪屏广告。这支轻互动闪屏广告互动点击率较常规闪屏提升 2.5 倍，并为宝格丽实现小程序商城翻倍到达。在充满意式风情的闪屏广告短片中，宝格丽邀请用户"滑动解锁心动瞬间"，触发彩蛋视频，并跳转至宝格丽微信小程序了解其"B. zero 1 系列"珠宝的更多信息。短短 16 秒的广告中，宝格丽不仅完成了制造悬念、激发兴趣，还实现了互动和引流——在获得品牌广泛曝光的基础上，显著提升转化潜能。最重要的是，用户的互动行为生成了更多的前链路数据，与腾讯生态打通的小程序商城后链路数据一起，组成更完整的全链路消费数据，为品牌优化全链路营销提供参考。

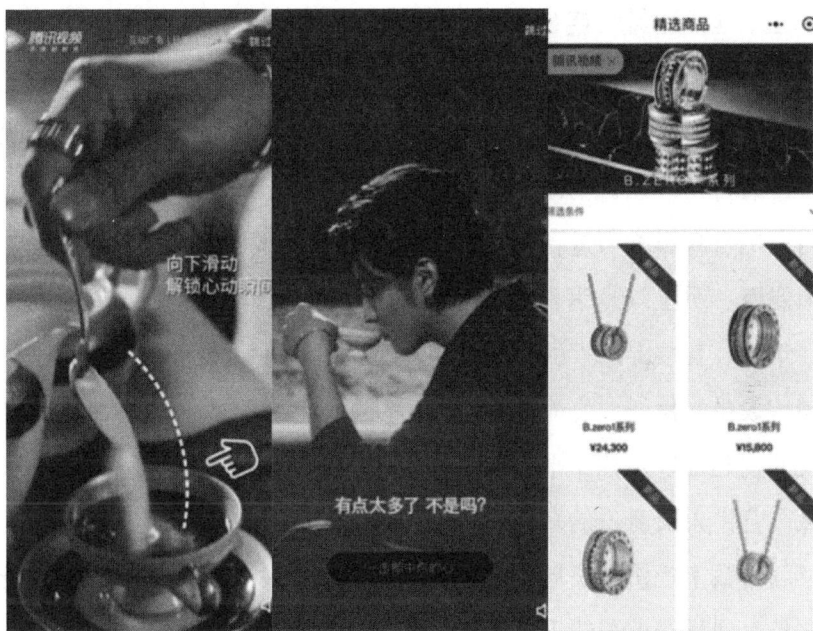

图 6 - 14　手势互动类互动广告

3. 未来借势技术发展，实现品牌多链路互动转化

未来，随着 5G 技术和 VR 技术的快速发展，互动视频广告将势必具备更为丰富的互动模式及更高质量的内容产出。5G 技术的出现使得

数据传输速度实现从 Mbps 到 Gbps 的飞跃，能够显著减缓用户的下载压力，而 VR 则能够为观众提供类似实景的观看体验，互动效果更佳。在 5G 和 VR 技术的加持下，互动视频广告的清晰度和流畅度势必大幅提升，互动方式也将进一步增加。产业链中游的社交媒体及长视频平台背靠强大的生态和数据技术，打通社交、娱乐、资讯等多场景的数字营销平台，根据持续完善的全链路营销数据动态优化营销策略，逐步完成曝光、互动、转化和影响力的塑造。

二、互联网广告的人员推销

本节聚焦人员营销（Personal Selling），是指人员参与的社会化媒体营销传播行为，该营销概念的核心在人员本身，即能够在某一领域或圈层内利用自身影响力进行销售推广的人员，主要包括 KOL、网络红人、虚拟偶像、明星等。消费者对于销售人员的信任可能受到其性别、种族、年龄、着装等因素的影响，建立良好的第一印象有助于提高消费者对销售人员的信任，进而产生消费活动。移动互联网技术的普及、网络设备的便利性以及社交平台的多元化使得网络营销成为人人可以触及的领域。营销人员身份的多元化也使得人员推销形式更为多样。

随着数字经济的发展，数字营销由 3.0 升级至 4.0。在数字自身交互之外，通过线上与线下活动进一步展现品牌特性，顺应快速变革的科技潮流趋势成为数字经济时代的重中之重。数字营销 4.0 在平衡人与人之间的连接和加强消费者参与度的同时，将机器对机器和人工智能的效益最大化以提升营销结果。2014 年开始，电商市场增速下滑，互联网流量红利消退，以阿里巴巴、京东等为代表的传统电商巨头流量饱和，出现获客难、获客成本居高不下的情况。与此同时，随着互联网技术的发展，以直播为代表的 KOL 带货模式作为新的互联网广告营销方式崛起。2020 年，大部分实体行业受新冠肺炎疫情影响遭遇重创，而直播电商行业逆势而起，成为大多行业复工复产、弥补销售损失的重要手段。根据艾媒网数据，2020 年中国直播电商市场规模达到 9610 亿元，同比大幅增长 121.5%。直播带货模式的兴起使得参与到消费环节中的人、货、场被重构，颠覆了传统电商"人找货"的二维模式，在线上重现店铺原始形态。

网红营销是 KOL 主体基于广告主营销目标制定传播策略、形成行业洞察，与品牌商共建内容并传播分发，以精准触达目标消费群、实现有效市场反馈的内容营销手段，网红以数字媒体为主要宣传工具，对数字媒体用户消费习惯具备核心影响力。中国网红营销机构于 2015 年达到 150 家，截至 2019 年底，网红营销机构已近 6500 家。

虚拟偶像广告营销是指通过电脑图形化等手段人工制作的虚拟人物（身份通常为歌手、演员等偶像）应用于广告营销。一方面，虚拟偶像广告能够迅速与年轻消费者建立联系，是对传统品牌营销理论的延展。另一方面，虚拟偶像广告代言相较于真人偶像具备更强的可塑性，能够满足粉丝对偶像形象的多种期待，并能够随时调整特征属性，无限接近于粉丝心目中的"完美人设"。

新冠肺炎疫情期间，明星、主持人等不断加入直播电商，令直播电商走向"正规军"模式，吸引着线下行业渠道和传统行业入局。不仅家电、乐器、运动户外、家装主材等商家已经把直播作为重要运营工具，珠宝、汽车、房产、旅游、保险等大宗消费品和虚拟产品也开始试水直播业务。

（一）网红营销的基本概况

1. 网红经济生态圈逐步形成

互联网与社交媒体平台的发展为网红经济的诞生铺设了渠道。网红通过与粉丝的网络互动获得持久的注意力资源和话语权，对合作产品进行介绍、使用、引导购买，利用粉丝的支持和关注进行流量变现，形成网红电商的商业闭环。在网红经济的产业链中，各参与主体分工明确，网红利用直播平台和社交平台进行产品宣传、试穿等内容生产，公司或合作厂家负责商品的生产、制作和分销，最后将营业额按比例分成。2021 年 2 月，知名 MCN 头部企业宸帆宣布完成千万美元 B 轮融资，其打造的"内容电商＋整合营销"为核心的网红经济生态圈逐步形成，目前已拥有超 300 名独家签约网红，营销渠道包含微博、B 站、小红书、抖音、淘宝直播等主流平台，全网粉丝超过 3.3 亿。同时，宸帆旗下拥有女装、童装、美妆、家居等多个行业的 30 余个自主新消费品品牌。2020 年"双 11"期间宸帆旗下主播雪梨实现直播引导成交额 25 亿元，位居淘宝主播前三。快手则聚焦于下沉市场，发挥快手用户受"老铁文化"影响与网红黏性极强的优势，通过快手小店为电商主播提供电商交易工具，利用平台百亿流量扶持垂类 MCN 和达人，以刺激生态繁荣，形成独特的"老铁文化"。2020 年 5 月 27 日，京东与快手签署合作协议，双方从供应链、品牌营销以及数据能力共建方面展开深入合作，共同打造短视频直播电商生态圈。

2. 内容营销促进产销升级

对比传统营销模式，内容营销吸引力更强，关系营销让用户体验感更佳，对卖家而言营销成本更低，转化效果更好。同时，以网红为核心的内容营销有更高的用户黏性，消费者在网红模式营销的过程中成为网红粉丝，有利于网红模式下的私域流量池的形成，为产品的长期营销提供强大助力。以网红为主的营销模式有较强的泛用性，可以从多个维度切入消费领域的细分行业。内容营销着重关注与消费者的关系互动建设之中，拉近品牌与用户之间的距离，助力品牌建设。在关系营销中，消费者将对网红较高的忠诚度转化为品牌消费动力，其复购率和对网红产品的关注度也不断提高。网红积极高效反馈消费者最真实的消费需求和愿望，极大地降低了运营成本，并且关注度较高的网红和主播将吸引更多的资本和广告进行投资而获利。网红经济在电商行业中的占比不断增加，网红模式也为传统的生产与销售模式带来新的变化。中广天择是长沙广电绝对控股的国有文化企业，主营业务包括节目销售及制作服务、电视剧播映权运营、影视剧投资、MCN 运营等。截至 2020 年 4 月，公司旗下运营账号 30 多个，MCN 全网总粉丝超过 6000 万，全网点赞 8.8 亿，全网总播放量 255.4 亿。内容营销和人才资源成为中广天择发力 MCN 的独特优势。

3. 头部效应带动行业发展

2020 年，中国直播电商市场规模达到 9610 亿元，同比大幅增长 121.5%。同时，中国网红营销机构总体数量迅速增长，截至 2019 年底，网红营销机构近 6500 家，其中约 90% 以上网红主体与机构签约或搭建自有品牌。网红营销市场可按竞争的不同侧重点划分为电商型、泛内容型、营销型、知识型等。头部企业创造的收益接近网红营销市场整体的约 60%，行业集中度较高。区别于电商传统的低价策略，通过对产品的内容创作，并采用网红进行与用户的互动式营销，能够更好地激发消费者对产品的需求，营销投入转化率更高。目前网红经济已形成"种草—网红内容营销—用户分享"的营销闭环，头部效应明显，行业市场集中度将进一步提升。在行业增速放缓及内部竞争激烈的情况下，头部互联网公司寻求内容与形式的双向升级。其中字节跳动、快手等通过短视频平台获得流量的爆发，同时也将持续强化广告商业化平台搭建。字节跳动推出巨量引擎广告平台，快手加强广告商业化进程。

（二）虚拟偶像营销的基本概况

1. 虚拟偶像吸引年轻消费群体

在"互联网＋IP"经济时代，以虚拟现实为技术手段以互联网为聚集地的虚拟偶像经济发展也越发火热。"虚拟偶像"是指，以完全的虚拟形象呈现表演内容，不以真人形象元素为基础的偶像艺人。像真正的艺人一样，虚拟偶像代表个人、产品或公司进行活动，通过自身的影响力将流量化为红利，带动粉丝进行周边消费或者产品购买等。伴随网络应运而生的虚拟偶像，一经问世就受到90后的追捧，00后的加入更是壮大了其粉丝队伍。

一方面，虚拟偶像在年轻群体中具有超高人气，能够迅速与年轻消费者建立联系。截至2020年6月，中国虚拟偶像歌手洛天依，其新浪微博账号的粉丝量为462万，B站账号粉丝量为188.7万，QQ音乐账号粉丝量为253.9万，网易云音乐账号粉丝量为135.1万。另一方面，年轻群体为偶像"买单"也具有较高的消费积极性。2018年的"BML洛天依演唱会"，创下了"5分钟内九成门票被抢购一空"的销售纪录。虚拟偶像在品牌广告中出现具有独特性，从而吸引年轻消费群体。华硕天选游戏笔记本电脑推出的虚拟偶像代言人"天选姬"，该虚拟偶像设定为"未来轻机甲战士＋宅男女神"型虚拟偶像。"天选姬"除在外观上与"天选游戏本"产品的"科技感""未来感"相契合外，"天选游戏本"产品本身，也在外观设计、配色，以及专属壁纸等方面与"天选姬"造型匹配。2020年3月，该款笔记本于发售首日3分钟内售罄。

虚拟偶像在品牌广告中的出现推动了年轻群体的消费积极性。

2. 虚拟偶像广告技术亟待完善

在粉丝的眼里,虚拟偶像"永远不会老,永远不会出现负面新闻",可以承载无尽的美好幻觉。虚拟偶像的外在、性格及行为都由团队设计,他们可能拥有人们向往的颜值、身材、嗓音,随时随地都能保持最好的状态,也不会恋爱,带给粉丝的幻觉似乎可以永不破灭,营造了一种"无菌审美"的安全体验。但是,虚拟偶像在实际操作中频繁出现疏漏,技术稳定是当下虚拟偶像广告发展面临的核心问题。2020年4月21日,虚拟偶像洛天依在与网络主播李佳琦直播销售欧舒丹护肤品音乐礼盒时,发生"洛天依唱歌全程无声"的直播失误,进而引发部分网友对"洛天依真唱"的质疑,对洛天依和代言品牌方都造成了负面影响。正是因为虚拟偶像作为"定制化偶像"接近完美的人设,其粉丝便会对虚拟偶像有着更为严格的要求和极高的预期,因此,保障技术稳定,更好地满足用户需求,是虚拟偶像持续支撑粉丝幻想的关键性条件。

(三) 明星带货营销的基本概况

1. 名人效应提升商品销售转化率

政府官员、商业名人、网红纷纷加入直播带货行列,频频创造销售新纪录。2020年5月,央视主持人康辉、朱广权、撒贝宁、尼格买提成立"央视 buyers"直播带货,用户可以在央视新闻客户端、抖音、微信小程序、京东、拼多多等平台观看和购买,3小时成交额超过5.28亿元,观看人数超过1000万人。格力电器董事长董明珠亲自上阵,5月快手、格力联合中国企业家共同推出"让世界爱上中国造",董明珠携快手主播二驴夫妇直播带货,3小时成交破3亿元。罗永浩的直播首秀吸引了广泛关注，直播累计观看人数超 4800 万人，达到 1.68 亿元交易额，订单量超 90 万件，且转化交易效果明显。根据快手公布的数据，张雨绮 6 月 17 日快手直播带货首秀成交额达 2.2 亿元以上，周杰伦 7 月 26 日快手首场直播在线观看总人次超 6800 万人，最高同时在线人数达 610 万人，直播间互动总量 3.8 亿次，预约直播总人数 1670 万人。快手借助明星、名人补足公域流量，有望获得单次直播较高的 GMV，且能进一步吸引新用户使用快手，这为快手直播提供了强劲的驱动力。

2. 名人带货乱象丛生，后劲不足

抖音直播带货先以明星、名人直播集聚公域流量，初期风光无限，但后期亦遭遇瓶颈，数据失真、刷单囤货、交易差额、售后维权等问题接连出现。罗永浩于 2020 年 4 月 1 日在抖音初次直播带货销售额达 1.68 亿元，而后 4 月 10 日至 7 月 17 日共 14 场带货直播中，有 11 场直播 GMV 低于 5000 万元，带货效果渐显乏力。而其他多位在抖音直播带货的明星、名人主播，亦表现出类似的趋势，开局一鸣惊人，而后逐渐不及专业主播的带货销售额。董明珠的格力直播间价格一度低于经销商的进货价格，导致经销商在直播间中大量刷单囤货，损害普通消费者的购买权益。售后质量无法得到保证也是名人带货后劲不足的原因之一。罗永浩的"花点时间 520 玫瑰礼盒"被客户投诉多次，原因包括鲜花枯萎腐烂、未按约定时间配送等，被中消协点名批评。合格的产品质量和完善的售后服务是解决名人带货乱象问题的根本之策。

明星带货在 2020 年爆发式的增长，主要是因为其具备普惠、信任、体验这三大特征，带来了一种新的消费方式。消费者和主播之间一对一的信任关系，也补充、强化了消费者与品牌之间一对多的信任关系，降低了选择成本。但直播电商在发展过程中乱象层出不穷，无形中消耗了消费者的信任，这无异于釜底抽薪，为直播电商未来发展蒙上了一层阴影。2020 年 11 月，国家网信办发布了《互联网直播营销信息内容服务管理规定（征求意见稿）》，文件指出直播营销平台应当防范和制止违法广告、价格欺诈等侵害用户权益的行为，并禁止直播数据流量造假、发布虚假信息等违法违规行为。该规定的出台，有望纠正直播电商领域诸多违法违规乱象，可谓正当其时。对于直播电商的监管，有关部门应对不同类型、不同风险点和风险等级的直播实施分类管理。要综合考虑网络直播应用领域、应用场景和场域的开放性、传播信息内容种类、消费者消费目的等多种因素，分析不同类型网络直播的合规风险，从而更有针对性地开展治理，实现促进发展和加强统一监管。

三、互联网促销

本节聚焦于互联网促销，并分两部分展开。第一部分为互联网促销的定义、演进与现状，主要以技术与营销理念迭代的逻辑进行展开；第二部分为互联网促销的新趋势，主要论述了互联网促销的五个新特征，即需求侧由追求价廉到追求便捷；供给侧出现促销新需求与用户下沉；技术革新使促销进一步定制化、直观化、场景化；营销理念的革新使促销进一步社会化、情感化；最后本节认为，未来互联网促销强化监管将成为新常态。

（一）互联网促销的定义与现状

互联网促销，或称网络促销，是指利用计算机及网络技术向消费者传递有关商品和劳务的信息，以激发消费需求、唤起购买欲望，最终促成消费者产生购买行为的各种活动。

早期的互联网促销仍是传统线下促销的变种，主要体现为降价促销，包括库存清仓、节庆优惠、每日特价等。电子商务平台的出现是互联网发展的一个里程碑，电商平台是互联网促销的重要载体。为实现促销目的，电商平台上的企业和商家往往会选择在某一固定时间进行促销活动，加之多个电商平台会联合商家同时进行促销活动，由此催生了许多为大众所熟知的大型促销活动，如"双11""6·18"等。随后互联网促销逐渐成为互联网经济主体尤其是电商平台的常态化运营方式，新促销手段也层出不穷，如"百亿补贴""消费金（或其他促销概念）抵扣""跨店满减"等，互联网促销规模也随之快速扩大。

2020年新冠肺炎疫情对线下实体经济产生巨大冲击，大量线下批发、零售渠道被迫歇业，诸多产品（尤其是生鲜类产品、医药防护类产品）因疫情产生较大的供需波动。市场供给侧依照往年市场需求生产的产品因线下销路瘫痪造成大量库存积压，因此品牌方纷纷着力开拓线上销售渠道，增强线上促销力度。这个过程催化了2020年的互联网经济高速增长。据官方统计，2020年天猫"双11"销售额达4982亿元人民币，远超2019年成交额2684亿元，增长2298亿元，达到过去三年最快增速。京东亦突破2715亿元，较2019年京东"双11"累计下单金额2044亿元增长超32%，达到近年来最快增速。① 尽管数据中存在疫情期间购物需求的累积和后续退款等泡沫因素，但互联网促销的需求与规模的增长趋势仍十分显著，这也将成为未来一年互联网促销演进的核心要义。

（二）互联网促销的新趋势

1. 需求侧的核心与转向：从价廉到便捷

促销的核心是价格。在很长一段时期低价是互联网促销的主旋律，

---

① 腾讯新闻. 2020双11成绩单来了！过去三年最高［EB/OL］. https：//new. qq. com/rain/a/20201112A035Y000.

实现方式包括跨店满减、定金膨胀、大额红包、购物津贴、折上再折、尾款立减、积分抵扣等名目繁多的优惠规则，消费者需精确计算所购买的商品价格，并将优惠规则进行组合以用低价购取心仪商品。这种促销方式一方面用低价满足消费者的价位需求，另一方面该类促销也通过优惠规则的复杂组合带来消费者的消费满足感。在这种促销方式逐渐风靡互联网平台后，消费者面对繁复的优惠计算过程逐渐倦怠。低价已不足以满足消费者的消费需求，在互联网消费时，用户更希望得到门槛更低、消耗精力更少、操作更便捷的消费服务。

互联网比价平台的崛起在一定程度上纾解了消费者计算促销优惠所产生的焦虑。以电商比价 App"慢慢买"为例，用户输入特定的商品名称，App 即可通过爬虫原理抓取检索商品在天猫、淘宝、京东等平台各店铺的现价以及历史底价，为消费者购物提供低价指引，这种平台逻辑极大地减少了用户比价耗费的精力，同时也警示互联网平台促销不可陷入价格战的泥沼，否则将损害行业长远的发展利益。

此外，2019 年"双 11"购物季，电商平台唯品会打出口号"无套路，真便宜"，以不需要辛苦计算，直接底价来吸引用户驻足购买，在众多以折扣计算为主流促销手段的电商平台中展现了自身特色，赢得了计算倦怠消费者的青睐。

综上，现今的互联网促销不可一味追求低价，在使用繁复的优惠规则叠加设计时需格外谨慎；在施行促销手段时应兼顾用户便捷安心的消费体验，在保证促销目的实现的基础上提升互联网促销的服务质量。

2. 供给侧产业升级：促销新需求与用户下沉

供给侧针对消费者需求，不断创新并丰富 SPU（Standard Product U-nit，标准产品单位），商品形态的改变也催生着新的促销需求与手段。如支付服务最早仅作为支付方式被用户使用，在某一支付服务供应商

（银行卡、银行支付服务、第三方支付服务）影响较大的区域内，用户往往默认使用该支付服务。但互联网在线经济的场景中，有诸多支付服务商可供用户选择，从而形成了明显的竞争效应，不少支付服务供应商选择支付随机立减、新卡用户立减等方式进行服务促销。与之类似的新兴商品（服务）还包括新零售、可穿戴终端设备、新能源汽车等，其促销方式往往是将传统促销方式加以改编以适应新的商业形态。

供给侧近年来的另一个特点是互联网促销的渠道下沉。近几年一、二线城市的互联网营销效果逐渐饱和，新的销售增长更倚重三、四线城市以及农村的购买潜力。互联网经济属于轻资产型商业模式，在渠道下沉方面更具灵活性与低成本优势，因此诸多互联网平台在三、四线城市发力，通过地推、补贴、减免等方式抢驻下沉消费市场，利用互联网经济特有的低仓储成本和算法智能推送，亦可保障在广大三、四线城市提供的服务质量。根据克里斯·安德森所著的《长尾理论》，三、四线城市尽管人均购买力与一线城市用户相去甚远，但若加以有效整合，便是一、二线城市外的市场新蓝海，值得互联网经济主体予以重视。

3. 技术赋能：促销的定制化、直观化与场景化

算法主导的产品促销信息推送及价格定制是互联网营销新趋势的主要特征。由于互联网经济根植于其海量用户位置、行为数据，根据特定算法即可推演出用户特定时期的购买偏好以及预期价格区间，据此对用户进行针对性的产品促销信息推送及价格定制可高效覆盖用户的购买需求，完成促销目的。这种算法主导的促销过程依赖高质量且规模宏大的用户数据，依赖全面的强力的计算机算法，这对企业的营收规模和用户量级有较高要求。因此头部互联网企业在促销上具有先天的竞争优势和发挥空间。

技术催化的促销变革还体现在商品展示及促销信息的直观化上。传

统的促销信息主要是以图文的形式呈现，描述商品的原价、现价、优惠活动、折扣力度等，而对于商品的巨幅优惠，商品的物美价廉、商品的消费吸引力等感性的感官元素表现不足，进而影响着促销过程。随着通信技术与计算机技术的发展，高速的网络带宽和价廉的流量促进了动态促销信息展示的普及应用，在先前的信息流展示中越来越多地加入了以视频为载体的促销广告，短视频应用中亦内嵌了丰富的商品促销信息，动态的视效与音效表现放大了商品促销的感染力，使得商品的促销信息与促销目的更加直观。

此外，技术的进步同样促进了促销的场景化，主要表现在 VR 对消费场景的再现以及对促销信息的推送，这种促销方式尤其适合强场景商品或服务。如房屋租赁与二手房销售行业对销售场景要求非常高，在相当长的时间内企业都将促销提升重心置于增强中介服务人员水平，增强用户实地到店、看房体验上。而自 2018 年起，链家、自如、贝壳找房等平台接连上线了 VR 看房服务，经过两年多的发展，服务已趋于成熟。VR 看房服务突破了先前网页图文展示的信息局限，通过媒介技术模拟消费场景，消费者不再需要专门留出时间精力实地看房，多房型比较更加便利；销售人员可接受客户预约，在线带客户 VR 看房，受天气、交通等因素的影响也显著降低，更有利于促销沟通以及交易达成。VR 技术应用使得部分企业掌握了降维性竞争的优势，进而实现市场的虹吸效应。目前网络带宽还有限，VR 技术的应用主要还在于 VR 影像，随着未来 5G 基础设施与服务的落地，可以预见实时 VR 直播等高度场景模拟技术将逐步产品化，开辟新的市场空间。

4. 理念革新：促销的社会化、情感化

时下互联网促销的两大趋势是社会化与情感化。社会化主要是指促销行为与用户的社会关系与社会交往行为相捆绑，引导用户通过转发、邀新等行为获取促销资源。这种形态的促销行为能以较低成本获客，有效催化商品或服务的自然量增长。社交化的促销行为往往能够使得促销信息快速传播并更好地吸引消费者参与。而促销节日结合社交化和趣味性玩法也是其发展的必然趋势，促销活动需要引起一定的群体效应，才能更好地发挥传播效果。未来，平台和企业可以在促销中拓展更多社交化和趣味性的玩法，再结合大数据等对消费者的消费行为数据进行分析，根据消费者偏好和需求设置各类促销方式，就能更有效地吸引消费者。

情感化主要指互联网商业主体通过电商直播等形式与消费者建立社会关系，并通过情感操作引导促销行为。传统促销行为主要通过促销信息的曝光来促成销售行为，而促销的情感化操作更多地表现为群体兴奋，如"只要点够1000个赞，惊喜福利走一波"，对良心卖家的回馈奖励，对失意卖家的鼓励等情感性消费行为。这种情感化的促销逻辑将经济行为与社会行为相捆绑，一方面极大地增强了促销信息的到达率与说服力，另一方面也滋生了关于社会道德、社会信任、网络诈骗等方面的社会隐患，而将促销行为作为媒介内容进行广泛传播，亦会挤压主流媒体的声音，直接作用于社会舆论和社会风气，这值得企业、平台、监管方审慎思考。

5. 强化监管：未来互联网促销新常态

2020年，国家紧密发布了一系列针对互联网经济的监管规定，其中10月29日由国家市场监督管理总局发布的《规范促销行为暂行规定》对互联网促销影响最大。①

---

① 中国政府网. 规范促销行为暂行规定（2020年10月29日国家市场监督管理总局令第32号公布）［EB/OL］. http：//www. gov. cn/zhengce/zhengceku/2020－11/06/con-tent_ 5557730. htm.

该规定要求"经营者开展限时减价、折价等价格促销活动的，应当显著标明期限""经营者折价、减价，应当标明或者通过其他方便消费者认知的方式表明折价、减价的基准""经营者通过积分、礼券、兑换券、代金券等折抵价款的，应当以显著方式标明或者通过店堂告示等方式公开折价计算的具体办法"等，进一步完善和规范了商品促销的操作细节，对于违反规定、构成违法行为的，可由市场监督管理部门依据价格监管法律法规处罚，并通过国家企业信用信息公示系统向社会公示，该规定于2020年12月1日开始实施。随着该规定颁布实施，互联网促销手段将进一步走向正规，损害消费者权益，主导恶性竞争的促销行为将逐渐得到遏制。

紧随《规范促销行为暂行规定》的颁布，2020年11月5日国家市场监督管理总局出台了《关于加强网络直播营销活动监管的指导意见》，亦对直播促销进行了一定的规范。[①] 其中第十四条明确指出将依法查处针对网络直播营销中价格违法问题，依据《价格法》，重点查处哄抬价格、利用虚假的或者使人误解的价格手段诱骗消费者进行交易等违法行为。

除此之外，2021年3月15日由国家市场监督管理总局出台的《网络交易监督管理办法》，2021年2月7日由国务院反垄断委员会出台的《国务院反垄断委员会关于平台经济领域的反垄断指南》都进一步规范了互联网平台的经济行为，需要互联网营销、促销从业人员予以重视。

总体而言，互联网促销手段随着互联网经济崛起而野蛮生长，以极高的速度和效率创造出"双11""跨店满减""联合促销"等富有互联

---

① 中国政府网. 市场监管总局关于加强网络直播营销活动监管的指导意见（国市监广〔2020〕175号）〔EB/OL〕. http://www.gov.cn/zhengce/zhengceku/2020-11/06/content_5558424.htm.

网经济特色的促销理念，这都受益于国家互联网治理给予的极大的政策空间。同样地，我们也需要注意到长期的高速成长也带来了损害消费者权益，造成企业恶性竞争，甚至违法违规的促销痼疾。2020年度，互联网治理层明显地将经济行为尤其是与促销相关的政策空间收紧，这将有效遏制不良营销行为的滋长，进一步清朗互联网纷繁复杂的营销环境，增益于互联网经济长期发展的提质增效。

四、互联网公共关系营销

本节将聚焦于互联网公共关系营销，并分三部分展开。第一部分主要对互联网公共关系营销定义进行综述；第二部分主要聚焦于近年来互联网公共关系营销出现的新趋势，包括建构示弱型人设、忠诚型人设，坚守中介型企业责任红线，正视恶性事件与消费者舆论等；第三部分聚焦于互联网公共关系营销的部分负面类型加以分析，包括关注组织沟通与公关危机，审慎使用模糊语义词以及老字号在公共关系营销时需放下身段，主动靠近消费者。

（一）互联网公共关系营销综述

公共关系（Public Relations）是指组织机构与公众环境之间的沟通与传播关系。营销则是指企业发现或挖掘准消费者需求，从整体氛围及自身产品形态的营造去推广和销售产品。如今，以互联网为代表的新技术不断涌现和快速迭代，行业原有的业态和模式被重塑，公关与营销的界限逐渐模糊，二者融合趋势已愈加明显。企业的公共管理已不仅仅是被动应对企业的运营危机，更要通过主动的公共关系营销实现企业形象的树立与自身产品的推广销售，这成为互联网公共关系的重要目标之一。

公共关系营销主要包括运用良好的关系环境，营造有利于企业产品营销的和谐氛围；通过有效的公关活动，获得消费者的注意和青睐；与客户建立正常融洽的双向沟通联系，吸引并稳定其广泛的产品消费群体；提供优质服务、公益赞助和媒体宣传多项公关手段，提升产品和企业的良好形象等。

2020 年新冠肺炎疫情作为最大市场黑天鹅袭击了世界经济，同时对中国实体经济也产生了巨大影响，公共关系行业遭遇重创。受制于企业业务减少，不少企业为减少人员开支解散了其公关部门、市场部门。而公关活动公司由于不能按时复工需要大量消耗人员和场地开支。此外，大量线下活动取消或者无限延期，垫付的场地费和物料投入等无法及时收回，造成公共关系服务商资金链断裂，整个公关行业面临着严峻的生存危机。而公共关系传播方面，由于公关业务的缺位导致出现许多悬而未解的公关危机，造成企业形象受损；也有些公关活动尽管做出回应，却收效甚微，甚至起到反效果，其背后的错误公关逻辑值得我们警示。尽管如此，2020 年依旧涌现出了许多精彩的公共关系案例，如腾讯"逗鹅冤"、五菱"人民需要什么，五菱就造什么"、当当"从摔杯到抢章"等，我们从中可以窥见 2020 年度互联网公共关系营销行业发展的趋向。

（二）互联网公共关系营销新趋势

1. "卖萌"与"自黑"：建构示弱型人设

2020 年，许多成功的公共关系营销案例使用了示弱型人设的公关技法，在一定程度上扭转了企业的负面形象，化解了企业的生存危机。具有代表性的案例有腾讯"背水一战"、腾讯"逗鹅冤"、钉钉"求饶"等。

2020年7月1日，互联网企业腾讯与辣椒酱品牌老干妈登上热搜。最初腾讯起诉老干妈拖欠广告费，申请查封、冻结了老干妈名下16240600元的财产；随后老干妈公司表示并未与腾讯有广告业务往来并报警，最后查证是工作人员使用假章伪造广告业务，致使腾讯为老干妈免费打了价值逾千万元的广告。事后腾讯的官方认证账号于当天中午在bilibili上发布消息"今天中午的辣椒酱突然不香了……"晚间，腾讯公司官方微博发文，再度对与老干妈间的纠纷做出回应，以"千瓶老干妈求骗子线索"。此外，腾讯亦在bilibili上发布了《我就是那个吃了假辣椒酱的憨憨企鹅》的视频，大喊"警察叔叔请帮帮我！"。多社交平台的事件回应使得腾讯在网友心中成功构建了"傻白甜"的形象，让腾讯"氪金""抄袭"等负面形象在一定程度上有所回暖，成为2020年度十分经典的互联网公共关系营销案例。

另一典型案例是当当"从摔杯到抢章"营销活动。2020年当当网陷入了创始人李国庆与俞渝抢夺公司控制权的负面风波，其间"摔杯子""抢章"都成了这次风波中的焦点。4月27日下午，有网友发现，当当正在做优惠活动，部分图书每满100减50，首页广播"好的婚姻，要守护财产和爱"，点进去是特别策划专题"从摔杯到抢章"，推荐了婚姻、两性、法律、运营、管理、心理六方面图书。这次营销活动迅速成为微博热门，吸引许多微博大V转发评论，使当当的负面形象在一定程度上被扭转。这其中得益于当当的公关行为勇于自黑，建构了自身无辜的人设，引发网友的怜爱与同情之心。

随着萌文化和吐槽文化的破圈，卖萌与自黑业已成为当下网民的通用网络语言，与消费者有着天然的亲近感。而腾讯建构的"傻白甜"人设属于示弱人设的一种，在公共关系危机发生时能够迅速拉近与消费者的距离，激起消费者的保护欲，降低用户和舆论的攻击性，提升自身品牌温度，尤其适合平价的大众消费产品或服务。

2. "一切为了人民"：建构忠诚型人设

新冠肺炎疫情危机与中美贸易摩擦使消费者对国产品牌的好感度迅速升温，在民族主义经济的营销框架下，建构忠诚型人设对于企业厚植品牌口碑，优化企业形象具有重要功用。具有代表性的案例主要是五菱"人民需要什么，五菱就造什么"。

2020 年 2 月，五菱为加入抗击疫情队伍，将广西德福特集团原有生产车间改建为 2000 平方米无尘车间，共设置 14 条口罩生产线，其中 4 条生产 N95 口罩，10 条生产普通医用口罩，从想法提出到第一批口罩下线，仅用时 3 天。2 月 19 日，五菱制造的第一台口罩机下线；2 月 20 日，五菱交付政府智能移动测温车。这些行动都写成营销软文在互联网进行推广，赢得了消费者的信任与青睐。

新冠肺炎疫情带来的行业波动使许多品牌和消费场景出现信任危机，在此社会背景下，积极建构企业忠诚形象为企业提升品牌美誉度、消费者好感度，带来积累品牌口碑的绝佳机会，值得企业与公关从业人员加以重视。

3. 负责到底：守住中介型企业责任红线

随着直播带货行业的野蛮生长，越来越多的带货翻车事故走到消费者面前，使直播带货以及介于消费者与品牌之间的中介型企业产生信任危机，损害着行业发展的长远利益。在这种行业背景下，中介型企业在公共关系传播时应秉持负责到底、保护粉丝消费者的原则，注重守住企业责任红线，构建值得信赖的品牌形象。代表性的案例主要是罗永浩的"花点时间"翻车事件公关。

5 月 20 日当天，微博上许多用户反映在罗永浩直播间购买的"花点时间"玫瑰花品相不佳，花瓣都是枯萎的。为此罗永浩连续转发三十几条网友评论微博并做出回应称，"影响了大家节日心情，我们非常非常非常抱歉。正在严肃追究责任（事先有协议约束），如果他们不及时给大家一个交代，我们也会给，请放心"。5月20日当天再次微博公开道歉，并提出了补救措施：在"花点时间"100%原价退款以及同等现金赔偿的基础上，罗永浩团队提供一份额外的原价现金赔偿，总价值约100多万元。网友评价"厚道、体面、三观正，挑不出毛病"。

在多方参与的互联网交易中，任何一环出现问题，消费者的权益都会受到损害，进而危害整个行业的健康发展。因此在电商直播以及中介性企业的公共关系传播与营销中，负责到底的公关态度，坚守企业责任红线的行为才能赢得消费者的信赖。

4. 知错就改：正视恶性事件与消费者舆论

危机公关是互联网公共关系营销中的重要部分，如若在危机事件中处理不当，轻则损耗企业品牌形象影响后续营销活动，重则引发消费者抵制风潮，对企业的业务开展产生不可估量的影响。因此，在企业相关的恶性事件发生时，企业对事件的态度尤为重要。影响较小的公共事件可适度使用公关手段，但恶性公共事件应首先做到正视恶性事件，在公共关系传播中做到知错就改。这一方面的典型案例有海底捞调价事件危机公关、罗永浩羊毛衫打假事件等。

2020年，海底捞火锅餐厅随着疫情缓和恢复营业，但餐品明显涨价，"血旺半份从16元涨到23元，8小片；半份土豆片13元，合一片土豆1.5元；自助调料10元一位；米饭7元一碗；小酥肉50元一盘"。这一行为迅速将海底捞推向舆论风口。随后海底捞通过官方微博，为之前的涨价道歉，并恢复原价。相关话题迅速登上微博热搜。海底捞的道歉信，传递了3个核心信息：第一，涨价的失误由管理层错误决策导致，没有推诿甩锅，并诚恳道歉；第二，所有餐品恢复原价；第三，自提业务提供六九折优惠。道歉是态度，恢复原价是行动，强调折扣是促销策略。三个信息层层递进，表达了海底捞对顾客意见的重视。最终，海底捞的诚恳道歉以及果断采取行动，重新赢回了大众的信任。相关部门借势进行公关处理，变相为自提业务打广告，扩大了新业务的知名度。

另一案例是罗永浩"交个朋友"公司迅速承认售假并道歉。12月15日下午，罗永浩发出微博称其"交个朋友"直播间售出的部分羊毛衫为假货。在公告中称，该羊毛衫的供货方涉嫌伪造文书、涉嫌假冒伪劣商品、涉嫌蓄意欺诈，将马上向公安机关报案，并也表明作为该产品的代理销售方，在向供货方维权索赔的同时，即刻起马上联系所有购买该产品的消费者，代为进行三倍赔付。此次罗永浩承认假货的羊毛衫，是11月28日其在"交个朋友"直播间销售的"皮尔卡丹"品牌羊毛衫。商品售出后，有消费者反馈，他们在收货后怀疑收到的衣服不是纯羊毛，是假货。罗永浩回收了五件，分别送到两家专业机构检测。12月15日下午，得到的其中一家的检测结果是，送检产品为非羊毛制品。随后就出现了自己出来打假这一事件。主动认错让罗永浩在此次恶性公共关系事件中占据了有利位置。

随着互联网的发展，层出不穷的负面事件使互联网消费者的容忍度有了明显的提高，消费者对于商家的错误决策或产品瑕疵不再锱铢必较，而是对商家如何处理这些问题更为看重，因此传统的大事化小、小事化了的逃避心理已不能适应当下的公共关系营销环境，唯有主动认错，正视恶性事件，回应消费者质疑的品牌才能获得消费者的信任。

（三）互联网公共关系营销新警示

除了令人称赞的互联网公共关系营销范例，2020年度还出现了一些值得品牌与代理商警惕的公共关系营销陷阱，它们表征了互联网产业高速发展过程中存在的新问题，包括组织沟通、品牌年轻化、公关套路化等。

1. 警惕模板化回复：审慎使用模糊语义用词

每年的"3·15"晚会都会披露当年侵犯消费者权益的企业及业务，由于"3·15"晚会的官方背书与国内广泛的公众影响力，被公关从业人员喻为一年一度的公关界"春晚"，公关从业人员往往连夜严阵以待，提前预备多份公关方案。但长此以往，公关回复逐渐陷入模板化的窘境，即"高度重视"等公关用语的泛化。这种现象使得模板化的公关回复越来越难以使消费者信服，对企业的舆论位置和品牌形象反而造成负面影响。2020年7月举行的"3·15"晚会就披露了五菱宝骏汽车、嗨学网、趣头条等产品的侵权行为，而几家公司的公关回复如出一辙，给消费者以不重视、阳奉阴违的印象，对危机中的品牌形象更进一步造成伤害。在恶性公共关系事件中，企业应当警惕模板化回复，尤其要避免"高度重视"等模糊意义的用词，找到问题的根源，及时给出有诚意的解答，避免对品牌形象造成二次伤害。

2. 选择品牌还是顾客：老字号需放下身段

品牌年轻化是横亘于所有传统品牌面前的难题，年轻化意味着时间积淀的品牌价值损耗，保持现状则难以放下身段与消费者互动。品牌主对于该问题亦见仁见智，做出了不同的选择。尽管如此，传统品牌在互联网时代难免身陷网络舆论，倘若有消费者的异见，品牌需认真倾听思量，对消费者提议做出积极回应，而不是摆出百年品牌的架子，放不下身段，动辄将矛头指向消费者，如此将使品牌处于被孤立的位置。在该方面可以参考的是狗不理包子差评事件的公关处理。

2020年9月8日，微博博主"@谷岳"发布了一则狗不理包子

（王府井总店）的探店视频，视频中该博主在餐厅就餐之后给出差评，"感觉里面全是肥肉……特别腻……要说也没那么难吃，这种质量20块钱差不多，100块钱两屉有点贵"。视频中，"@谷岳"称该店在大众点评网上的评分是2.85分，在王府井地区的餐厅中评分最低。视频发出后不久，新浪微博账号"王府井狗不理店"就发布了一则声明。声明中称："该视频所有恶语中伤言论均为不实信息！餐厅郑重提出，'北京人不知道的北京事儿'发布传播虚假视频内容，侵犯了餐厅的名誉权；未征得餐厅同意，'谷月（岳）'工作室私自拍摄、剪辑，并向第三方提供带有不实信息的视频，侵犯餐厅的名誉权造成相关经济损失；现要求二者立即停止侵权行为，在大于现有影响的范围内消除影响，并在国内主流媒体公开道歉，餐厅将依法追究相关人员和网络媒体法律责任"。针对此次事件，王府井狗不理餐厅已向北京市公安局网安支队报警。狗不理包子的微博发出后，网友纷纷表示探店视频没有任何问题，是狗不理包子自身的产品问题，网络舆论一边倒地声讨狗不理包子及其代表的传统品牌，致使狗不理包子深陷舆论旋涡中。

从该案例可知，传统民族品牌在消费者心中有很重的分量，但若品牌完全无视消费者诉求，以自我为中心，则将尽失人心。品牌年轻化是一道多选题，而与消费者沟通，尊重消费者诉求，才是最终极的答案。

第七章

传播学和传播实践的基点及
核心逻辑的再思考

以大数据、人工智能和虚拟现实等技术革命所引发的社会改变是一个人类文明发展的全新阶段，认知与实践模式的重构是一种根本意义上的"范式的革命"。

　　我们的世界正处在巨变之中。生活中光怪陆离，社会上异象迭生，每一天新的现象、新的名词、新的技术都在占据着人们已经超载的注意力，几乎所有人都感受到一种从未有过的焦虑和脱序感。如果用一个词来形容当下的时势与发展，"不确定"肯定是人们描述未来的一个高频词。为什么"不确定"？从本质上来说，人们的认知"不确定"均源自外部世界的变动，变动造成不确定性。但是，变动与变动也不一样。有的变动只是"点"的变动，有的变动则是"面"的变动，还有的变动是结构性变动，甚至是从边界版图、游戏规则直到运作模式的生态级意义上的巨变，因此所导致的"不确定性"就很不相同，需要我们的认知做不同程度上的增补、删改、扩张、重构，甚至认知范式上的革命。

　　人类社会至今已有大约300多万年的历史，从非常低下的原始状态到今天这样相对高度文明发展的水平，一般认为经历了四个阶段：第一阶段：食物采集者社会阶段（标志：火的使用）；第二阶段：农业社会阶段（标志：农具的大范围使用和家畜的大规模出现）；第三阶段：工业社会阶段（标志：瓦特蒸汽机的发明）；现在是第四阶段：智能化社会阶段（标志：大数据、人工智能、虚拟现实等）。显然，这是一个文明发展的全新阶段，我们的认知、学科建设及实践模式中势必要以全新的逻辑、全新的框架乃至范式革命的方式来进行建构——这或许是我们这一代学人所面对的最大的困难所在，当然也是我们这一代学人的最大幸运和机遇之所在——对于这样一个课题的进取和完成的质量将是衡量我们的专业水平和专业尊严的重要标尺。

一、关于"媒介"与"新媒介"之辨：传播学核心概念的再思考

在传播领域发生"范式的革命"的背景下，学科建设及实践应用应该从何着手呢？我们认为，应该严谨和认真地思考，厘清面向未来传播及其发展的基础、方向、框架与操作路径。而要回答这样一个顶层设计的战略问题，首先需要回到传播学学科体系中的"核心概念"——媒介，从理解媒介、理解新媒介出发，去探寻答案。

所谓媒介（media）一词来源于拉丁语"Medius"，意为两者之间。媒介是传播信息的组织形式，指人类社会一切用来传递信息与获取信息的工具、渠道、载体、中介物或技术手段及其所有形式。历史上的主流传播学一般把媒介看作物理级意义上的、从经验上可感知的工具——它是一种显现的实存，是机器、是渠道、是技术，是一个纯粹的客体。但在技术革命引发传播生态大变革的现在与未来，在基于社交链条、智能算法以及未来即将大规模登场的基于传感器资讯的机器写作及虚拟现实场景下的信息流中，已经将媒介的存在方式越来越"化实为虚"，并且也很难区分出何为"客"、何为"主"的角色边界。这种数字化时代虚拟化、去客体化的媒介形式将日益成为传播媒介的主流存在，传统意义上的媒介定义已经显得僵化与过时。

如何重新定义"媒介"以及"新媒介"？从理论的渊源上看，加拿

大著名传播学者麦克卢汉"媒介是人的延伸"的论断为重新理解媒介
提供了有创见的思路。在麦克卢汉看来："所谓媒介即讯息，只不过是
说任何媒介（即人的任何延伸），对于个人和社会的任何影响都是由于
新的尺度产生的；我们的任何一种延伸（或曰任何一种新的技术），都
是要在我们的事务当中引进一种新的尺度。任何媒介或者技术的'讯
息'都是由它引入的人间事物的尺度变化、速度变化和模式变化。"①
这就意味着，媒介是人感知和经验外部世界的"中介"，即"连接者"。
它不是或主要不是指器物本身，而是由其关联起来的全部关系和意义的
总和。从本质上说，任何一种媒介技术都是对于人的社会关系与关联的
一种形式构造，人的任何社会关系的发生、维系与发展都依赖于作为中
介纽带的媒介。因此，人类社会的一切媒介，本质上是其社会关系的隐
喻，它构造了社会，而其任何意义上的变化与迭代，则在相当大的程度
上引发和促成社会的变革与迭代。因此，正如麦克卢汉所言，"任何的
新媒介都是一个进化的过程，一个生物裂变的过程，它为人类打开了通
向感知和新型活动领域的大门"②。也就是说，任何媒介技术的升级换
代，其实就是人类社会的社会关系的再造及基于这种社会关系再造的资
源再分配。显然，"新媒介"（new media）的本质不是指具体的工具实
体在实践序列上的先与后，而是每一次传播技术改进或革命所带来的社
会联结方式的改变与拓展，即新媒介是否"新"，本质上是看它是否为
人类社会的连接提供新的方式、新的尺度和新的标准。由此，使人们能
够探索更多的实践空间，能拥有更多的资源和更多的领地，去展示和安

---

① ［加拿大］马歇尔·麦克卢汉. 理解媒介——论人的延伸［M］. 何道宽译. 北京：
商务印书馆，2000：33－34.

② ［加拿大］马歇尔·麦克卢汉. 理解媒介——论人的延伸［M］. 何道宽译. 北京：
商务印书馆，2000：27.

放人们的价值、个性以及生活的样态。

二、为什么说"算法即媒介"：媒介形式演变中的核心逻辑与解决方案

对当下"什么是媒介"这一问题，克莱·舍基（Clay Shirky）有过一番立足"用户本位"的形象描述："媒介是你如何知道朋友生日聚会在何时何地举行；如何了解德黑兰发生什么，特古西加尔巴的领导者是谁，中国的茶叶价格多少；媒介是你如何知道同事给他的孩子起了什么名字，下个会议将在哪里开；媒介就是你如何知道 10 米之外在发生什么事情……"这些看似琐碎的列举，其实表达了一个关于媒介形式的重要的、有启发意义的转向：媒介是什么不再只由媒介机构来定义，而是由媒介使用者来界定——这是"万物皆媒"时代的一种必然。显然，当对媒介的认知范式由"传递信息的工具"转向"关系的纽带"，媒介的形式外延被大大拓展：任何一个客观存在于人们周围的"物"（一张餐桌、一个教育系统、一杯咖啡、一个教堂里的讲道台、一个图书馆的阅览室、一个油墨盒、一台打字机、一套集成电路、一间歌舞剧场、一个议会）都可能传达信息，但它们并不是自然而然成为"媒体"的，它们成为媒体的关键取决于它们所关联的社会要素对于此一场景下的人的重要与必要程度，以及这个人基于这种关系认知与感觉基础上的决策，而基于数据与人工智能处理的算法恰恰将所有这些内外部关系关联起来，进行重要和必要性评价，并提供这种可供性给予特定场景中的人选择与决策的"中介物"（即媒介）。

换言之，在信息技术革命带来的万物互联、万物皆媒的新传播图景下，媒介正在发生着的系统性的形式变迁：从有限输入源、有限时空选

择、有限内容，到无限渠道、无时无刻、无限内容，加之个体化框架的内置，构成了一个生态级的复杂系统，这使得传统意义上将媒介看作信息传递工具的认知范式已丧失解释力。媒介天然是一种居间性的概念，这种关系联结属性随着技术发展逐渐成为最关键的媒介形式逻辑。而构成智能时代"基础设施"的算法则成为一种更高意义上的媒介，它通过一系列判断架构连接、匹配与调适价值关系，形塑认知、建构关系、整合社会。把算法理解为一种媒介，不仅为解读算法的社会性提供了有益视角，更高度概括了新传播图景下媒介运作核心逻辑在于价值关系联结，对把握未来传播中主流媒介的建设路径具有特别重要的启示意义。

总之，借由互联网的连通性，媒介不再是一系列固定的"实体"，媒介是由算法编织并赋予权重的一种"网络"，是一个复杂系统。算法在改写传播领域现实状况的同时，也在重新构建起一套全新的传播规则，同时让参与其中的每一个个体以这种方式重新审视、体验和消费乃至创造这种全新的传播。从微观层面上对于人的重建，从宏观层面上对于社会运行的重构，这两者的相互交织组成了算法构建的未来传播。算法重新塑造传播领域的交往规则，但是同时它又在遵循着以往互联网发展带来的基本逻辑。人要在算法的世界中认识自己和数字世界的区别和联结，把握自己在现实环境中的主体价值，将人的价值与伦理赋予算法之中，实现人与技术的共生发展——这便是未来传播和才能媒介的约略图景。

三、社会的"微粒化"与"媒介化"：新媒介正在以新的连接、新的标准和新的尺度构造"新社会"

新媒介所提供的新连接作用于"社会构造"的第一个显著效应就

是对于传统科层制社会的解构（去组织化），并进而形成所谓"微粒化"社会。其发生机制在于，伴随社会传播技术门槛的下降与传播工具的普及，个人作为传播的主体有机会直接成为社会资源的接触者和操控者。新媒介之新连接将原有的以单位（机构）为基本运作主体的社会构造裂解为以个人为基本运作主体的"微粒化社会"，这种社会构造上的改变是一种核裂变式的能量释放。

从社会赋能来看，"连接"成为一种赋能赋权的力量源泉。连接与再连接是互联网作为新媒介改造世界的基本逻辑，而连接的基础性资源是关系资源，互联网世界的影响力与组织力直接取决于行动者能够在多大程度上激活、掌握、调动和整合关系资源，也就是说，关系赋权成为一种新的权力机制。所谓关系赋权，即在嵌套性关系网络中，个体力量在无限连接中聚合、放大、爆发，为社会中相对无权者赋予话语权和行动权。新媒介所提供的新的表达尺度（如视频表达）前所未有地降低了人们参与社会表达、成为传播供给者的门槛，使过去不常见到的亚文化形态得以完成其表达空间的释放和价值实现。这意味着，信息结构已经从过去的科层制社会的"串联式"模型转变为扁平化的分布式社会的"并联式"模型。因此，如何处理好圈层、群落之间的横向沟通与信任，便成为社会发展之于传播最为重要的责任与使命。

而所谓媒介化就是以媒介的逻辑重构社会生活的各个领域，互联网已经不仅仅是架构社会生活的基础设施，而且已经成为重构社会生活的"设计师"。互联网平台之于社会的最为重要的价值作用，就是它一改过去传播只局限在内容传播的狭隘领域，将传播机制、传播模式的作用极大地拓张到社会生活的全领域，进而引发了千行百业的媒介化进程。什么叫媒介化进程？就是指的是我们的政务、教育、服务、商业等千行百业，通过互联网的传播机制、传播规则、传播逻辑与模式在线上进行重构，构造一系列新政务、新商业、新教育、新健康和新服务等，这是所谓未来 5 年、10 年，甚至 20 年整个社会发展当中一个现象级的趋势潮流之所在。而新媒介则为千行百业的媒介化发展提供了一个非常好的基础性建设平台，并在这一进程中扮演着重要的基础性组织者的角色和作用。这就是新媒介为我们社会的未来发展所提供的最为重要的价值之一。

从历史演进的角度看，有什么样的媒介连接方式（标准、尺度），就有什么样的社会组织结构。在口语为媒介的传播阶段，人类需要亲身参与在场的交流，凭借语言进行范围有限的交流，凭借记忆进行跨时间的交流——那个时候人类社会只能以数量极为有限的氏族公社的方式生存，其文明的积累也极为缓慢。而当纸张作为一种新媒介问世之后，由于它为传播提供了更经济、更便携的载体，让传播成本更低廉、传播方式更快捷，特别是印刷术在时空的传递性及经济性方面进一步促进了文字传播，使得人类社会得以大规模扩张，文明得以普及大众，可以说是印刷媒介催生了近代社会。其后，电报第一次将传播与交通分离开来，极大改变了人们的时空观念；广播延伸了语言的传播效果，其亲近性与冲击力激发起听众的情感纽带，且因不受文化程度的限制打破了阶级界限、覆盖广大地区，具有即时性、同步性和广域性；与广播同样，电视媒介也深入家庭，进一步推动了资讯、知识与文化艺术的通俗化与普及性。因此，传播媒介形态的演进是社会进化的关键部分，每一种新技术都给社会交往带来新的规模、速度、范围及传播模式的演进。传播技术的升级也在不断以新的连接方式拓展着传播时空、重塑着传媒业态。

四、互联网平台的崛起：社会传播生态的一项最为重要的改变

在传统大众传播时代，传播的生态构造分为两个层次：一是各种信息传播的技术支持层，如：印刷术、激光照排、传真、无线电通信、光纤电缆等；另外一个层次就是形形色色的功能性价值媒介，比如商业媒介、政党媒介、宗教媒介等（也有一种通常的按照媒介的技术特性的媒介分类，如报纸、杂志、广播、电视等），它们各自在自己的生态位上发挥作用，有竞争，也有合作。

而互联网作为一种新媒体，其构造传播的一个巨大不同是无所不至、无时不有，一旦上网，就是全域传播，媒介与媒介之间的边界几乎消失于无形。因此，随着这种传播形态的"跑马圈地"，凭借着自己的某项普适于所有人的基础功能（如社交、买卖、搜索等），在技术优势和资本支持的强大加持下，就迅速在全域范围内建立起了"寡头独占"的优势地位，而当"连接"与"再连接"的市场规模达到相当程度之后，它们又不约而同地开始了"集成经济"和"范围经济"的功能性扩张的进程，逐渐形成集社交、推荐、搜索等于一身的全方位服务，"一站式服务"成为常态，由此就成为吸引海量流量与用户的具有高度黏性的"平台"。这些互联网平台一经成势，便导致了传播生态的巨大改变。

价值媒介层	⇨ 提供价值可供性

⇧

互联网平台层	⇨ 提供功能可供性

⇧

传播技术层	⇨ 提供技术可供性

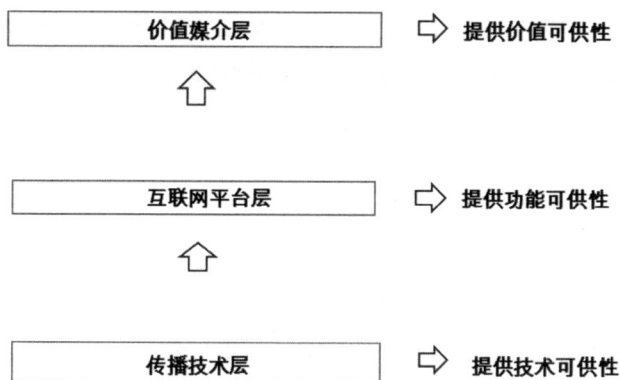

图 7 - 1　传播领域的新生态

　　一般而言，互联网平台具有三大特性。其一是它的开放性。互联网平台是一个以开放逻辑构建起来的世界，所谓开放，就是在遵守底线规则的基础上允许自由进入。具体地说，包含着四层含义：首先是对人的开放；其次是对信息的开放；再次是对服务的开放；最后是对商业模式的开放。其二是它的多元性。互联网平台正是基于开放性的多元，促进了其网络空间的活跃与生机。由于这种多元共存于一个空间，过去许多想做而不能做的各种价值变现由此就有了新的空间、新的路径、新的角度、新的组合。于是，经营人口（流量），经营服务，经营技术，经营空间……无数种可能性都有成功的机会，而且各自组合不同、各行其道，反而可以借助于平台"和合相生"。其三是它的普适性。一般而言，平台不挑用户，而是用户来挑平台。平台则通过尽可能好的用户体验和尽可能多的有用、可用性来吸引尽可能多的用户，并且"黏住"他们。概言之，互联网平台的本质是一个以技术为骨骼、以商业为灵魂的开放、多元、普适的基础性服务的网络平台，其共同的价值逻辑是：通过某种基础性的功能服务（如：搜索、社交、交换等）形成与人、信息（知识）、物（商品和服务）的规模连接，并尽可能地开放连接，形成他们之间的关联与互动，以极大地提升其平台的价值属性焕发其用户的多样性需求，以此作为进一步迭代的基础，形成平台内容和服务的扩容与升级，最终造成用户的海量沉淀与习惯性依赖，这就是互联网平台的一般价值逻辑。

互联网平台的出现对于我们的未来发展，不仅在传播领域，在整个社会的领域当中都功不可没，并且不可或缺。概括起来，它至少拥有如下三个巨大的价值禀赋及对于未来发展的不可或缺性。

（一）互联网平台是将“微粒化”社会再组织化的不可或缺的基础性组织平台

在分布式社会要想实现“再组织化”，采用传统的组织化范式去应对显然是不可行的，这种对于“微粒化社会”的再组织，只有在“多元、开放、普适”的互联网平台上，才能实现其社会要素的全新重组，并实现新的发展阶段上的社会重构。

（二）互联网平台将是实现“微粒化”社会各种要素重组和高效整合的基础性运行平台

在互联网平台之上聚集着相当齐备的社会要素、文化要素、商业要素、政务要素等，这些全要素的“在线”存在，便使得内容与内容、人与人、人和物及人和信息高效连接、激活、整合成为可能，形成未来社会生态一体化的高效率在线平台，使这种资源配置能够在很高效率、很便捷技术和功能平台之上得以进行，这是迄今为止任何一种其他的社会组织形式都无法做到的。

（三）互联网平台将是未来社会千行百业实现“媒介化”进程的基础性建设平台

互联网平台之于社会的最为重要的价值作用，就是它一改过去传播只局限在内容传播的狭隘领域，将传播机制、传播模式的作用极大地拓张到社会生活的全领域，进而引发了千行百业的媒介化进程，而互联网平台则为千行百业的媒介化发展提供了一个非常好的基础性建设平台，并在这一进程中扮演着重要的基础性组织者的角色和作用。

五、新传播逻辑对于"以人为本"的回归：人的尺度、人的需求、人的发展、人的实践半径的扩张成为未来传播发展的核心逻辑

以互联网为代表的新传播"重新发现"了人在传播中的主体或中心地位。初始时期的传播理论以"魔弹论"为代表，他们在传播逻辑中更多的是站在传播内容的输出端一方观察和思考问题，故称"传播者本位"。其后，虽然也开始把受众作为一个重要的传播要素来看待，但在传统理论的视野中，人仅仅是作为一个"类"而存在的。换言之，传统理论虽然也关心人，但他们更多地关心的是人作为抽象的"人的集合体"（群体、机构或阶层）中的人，缺乏个性、缺乏感情、缺乏生活的质感和具体的场景还原。即使到了互联网时代，传统主流媒介在解决媒介融合问题的时候，基本上都不是从造成这个问题的根本点——用户使用和消费传播的方式所发生的革命性改变、传播生态的深刻变迁所造成的市场特点与传播逻辑的改变——入手来组织和实施媒介融合的战略与顶层设计，而是站在自身的角度单向度地从供给端出发来构造所谓的"传媒矩阵"，这不啻是新传播时代的"卡拉OK"，自娱自乐。

纵观互联网为代表的数字化、智能化、虚拟化技术革命的发展，有一个始终一贯的底层逻辑就是为一个个在传统社会"轻若微尘"的人赋能赋权，强化人的主体地位——使人的意志与情感及其关系成为一种重要的线上力量的源泉，使人的社会资源的调动禀赋不断增强、社会实

践的半径不断扩大。总之，"人的解放"及"微粒化社会"的形成，使人成为传播学理论与实践无法忽略的关键性存在。

（一）基于数据的智能化算法传播本质上是一种传播权力对于用户的回归

在基于数据的智能化算法推送模式下，媒体与受众从以往的传者主导、受众接收的线性关系，转变为媒体—算法—用户三者之间复杂互动的循环关系，传统把关人的支配权利已经不起作用，从一定意义上说，新闻信息的选择权部分甚至全部交回用户。也正是对算法在信息分发中显露的隐性"把关人"角色的洞察，算法所具有的"政府权力"和"守门功能"成为学者们分析算法构建新社会实践的起点。算法分发在新闻传播中的权力革命最直观地表现为算法推荐技术的运用直接推动着新闻生态系统中重要行动者——平台媒体的崛起。这场掌握算法权力的平台媒体引发的新闻业变革是一次整个行业组织结构和功能的拆分、权力转移和性质变化，并将对于传播的关切和把握集中到了平台媒体带来的传播流程、权力结构以及市场格局等方面的变化。由此，有学者提出了"算法权力"的课题：莱斯特认为网络空间中代码即法律，算法规制了网络空间的运行规则①；Beer 指出 Web2.0 环境中，算法排序着人们的日常生活，权力通过算法进行渗透②；Bucher 通过观察 Facebook 上信息的流动发现，算法通过实施"隐形的威胁"获得了权力，新闻机构要想在平台的动态新闻中显示自家的新闻，就需遵照嵌入在内的平

---

① 劳伦斯·莱斯特. 代码：塑造空间的法律［M］. 李旭，姜丽楼等译. 北京：中信出版集团.

② Beer, D. Power Through the Algorithm? Participatory Web Cultures and the Technological Unconscious. New Media & Society, 11 (6), 985 – 1002.

台逻辑进行优化①。斯坦纳对算法的前世今生做了较为系统的梳理，指出算法远比人们想象的要涉及得更为广泛，并且显现出源于人类而有超乎人类的强大威力②。无论这种权力的转移最终如何安放和成型，传播权力向着人（即用户）回归已经是时代发展的重要趋势之一。

（二）人在本质上是理性与非理性的统一体：非理性的作用机制已经成为理解未来传播的重要命题

在现代文明的主流理性主义范式下，非理性要素长久以来受到否定或忽视，事实上，非理性不等于反理性，而是强调理性的有限性和非理性的不可替代性。具体地说，非理性是指人的认识中本能的、情感的、信念的部分。微观层面上是人的内在心理结构中的组成部分，宏观层面上是一种复杂的广泛的社会文化现象。事实上，由于传统传播学的思维惯性，人们在对于网络时代新传播的认识和把握中，极易忽视"非理性因素"在社会发展中的不可或缺的价值——例如通过情绪共振、共情体验、孕育灵感等方面实现跨越圈层的心理连接和社会认同，以及非理性要素在社会实践中的创新引领作用等。

非理性之于传播的作用模式主要包括以下几方面。

1. 人天然地具有形象的"偏好"：感知觉与表象在人们认知认同中起着关键性的作用

感知觉所具有的简单性和意义性使得信息可以跨越种族、文化和语言进行传播，因而在跨文化、跨阶层、跨党派等传播领域中，相较于理性的陈述与分析事实，一幅寓意丰富的漫画或许更加有效。或许是表象比复杂概念更易于在一般人群中理解和传播，使得一众演说家、政治家

---

① Bucher, T. Want to Be on the Top? Algorithmic Power and the Threat of Invisibility on Facebook. New Media & Society, 14（7），1164 – 1180.

② 克里斯托弗·斯坦纳. 算法帝国［M］. 李筱莹译. 北京：人民邮电出版社.

喜欢通过给他人营造可想象的意象，而非抽象性的术语或政策等来获取理解和支持，例如特朗普在竞选中提出在美墨边境"修墙"的计划，希特勒"让德国每一户人家的餐桌上有牛奶与面包"的承诺，都是借助了表象强大的生动性。

2. 非理性因素常常起到沟通和说服中的"桥梁"作用：情绪感染与共情能够极大地促进人们的关系认同与情感共振

情绪所包含的独特的主观体验、外部表现和生理唤醒使其成为非理性的重要组成部分。事实上，在非理性叙事过程中，说服者常常是通过诱发受众或受众间的情绪感染和共情来达到说服目的的。具体来说是动用情感性因素这一桥梁，缩短受众从初始状态（原有态度）到目标状态（理解故事背后的道理）之间的距离来降低说服的难度。此外，情绪感染不仅可以通过直接的交互实现，还可以以间接的方式感染注意到情绪输出者的第三方，甚至较大规模的群体或组织中，[①] 在视频化的互联网环境中，情绪感染的范围无疑被无限地拓宽了。而共情的过程有意识的参与，是个体在与他人交往过程中共享并理解他人情绪状态的倾向，包括认知共情和情绪共情。由于情绪的干扰和共情的作用，人们能够感受传播中的情感表达便更容易从共情的角度被说服。

3. 非理性因素可以成为信息加工的"快速通道"

除了感知觉和情绪等心理因素对非理性信息敏感外，人类通过遗传获得的基因也对非理性信息加工存在"优待"。现实中人们对非理性情绪如恐惧等负性情绪反应更快，是因为在大脑的信息加工过程中恐惧信

---

① Felps, W., Mitchell, T. R., & Byington, E.（2006）. How, When, and Why Bad Apples Spoil the Barrel: Negative Group Members and Dysfunctional Groups. Research in Organizational Behavior, 27, 175 – 222.

息可以通过一条"快速通道"（低通路）来介导行为，① 从而保证人类在面对威胁时能尽快做出"战"或"逃"的反应。远古时期，具有这一能力的人类在原始环境中有更大的概率存活下来并将这种基因遗传给后代，但是这种遗传得到的本能也使现代人在面对使其感到害怕或恐惧的事物（如蛇、疾病、死亡等）时产生本能的防御性行为。② 这也就可以解释为什么某些利欲熏心的商人喜欢用恫吓及包治百病等非理性话术给老年人推销保健品，其利用的就是老年人对疾病和死亡的恐惧，而老年人选择相信和购买保健品也是积极面对（即选择"战"）这一威胁性事件的防御行为。尽管利用"快速通道"进行非理性表达能获得更好的传播和说服效果，但是，其应用的角度和方向是应该予以特别的注意和防范的。

（三）人的尺度：判别未来传播发展的技术形态、传播规则、创新发展的价值准则

"以人为本"是未来传播的核心逻辑，也是判别传播领域未来发展是否有价值、能否健康可持续的价值准则。

首先，要看未来发展中所创新出来的传播技术和传播形态以及传播制度，对于人的社会连接的丰富性有没有改善，对于人和人之间信息的流动性有没有提升。因为中国社会现在面临的突出问题就是社会的板结化，而社会板结化的基础就是信息流动的板结化和意见交换的板结化——这是中国社会未来最大的社会政治风险之所在。因此，能够促进信息的流动性，提高连接的丰富性的传播产品、技术形态、制度规章和机制构建，就是有价值、有未来的。

---

① MichaelS. Gazzaniga，Richar dB. Ivry，GeorgeR. Mangun. 认知神经科学：关于心智的生物学［M］. 北京：中国轻工业出版社.
② David M. Buss. 进化心理学［M］. 北京：商务印书馆.

其次，是看这种传播技术、传播形态或传播政策是否能够扩大人的社会行动的自由度。因为媒介本质上是人体的延伸。如果我们能够借助于新的传播技术和传播形态看得更远、听得更远，能够促使人们的实践半径不断"扩界"、更加宽阔，即扩大了人的实践自由度，那么，这些传播技术和传播形态、传播规则的发展和创新就是具有巨大的未来发展价值的。

最后，还要看创新的传播技术或传播形态能否化繁为简，能够有效提升人对于日益纷繁复杂的社会发展现实具有更好的控制感。符合这一要求的传播技术和传播形态就是那种能够提升人的主体性的技术形态，就是社会进步和价值准则所倡导的方向。

总之，判断未来传播发展和创新的价值标准主要就是用以上三个"以人为本"的标准来衡量——凡符合的就有巨大的发展前景；凡不符合的，哪怕现实的表象再炫目，充其量也不过是暂时性的流星划过。

马克思在一百多年以前讲过一个论断："历史的逻辑从哪里开始，理论的逻辑就应该从哪里开始。"① 这句话告诉我们，历史（实践）逻辑是理论逻辑最为重要的对标物，社会科学的一切学术都应以实践的检验作为最高标准，理论不应是"卡拉OK"、自说自话的产物。概言之，面对飞速发展的媒介与传播技术和大幅度扩展的实践边界，传播学科及其实践需要"回到原点""回到现场"，即新的传播现实需要我们用全新的理论逻辑与实践范式与之相匹配。对传播学科的发展和传播实践的创新而言，我们需要重新定位新传播的基础，重新划定未来传播的边界、要素、结构和相应的作用机制，这对于我们把握传播领域的现实发展和未来可能非常重要。

---

① 《马克思恩格斯选集》第二卷［M］．北京：人民出版社，1995：43.

互联网年度营销热点大事记

　　2020 年下半年至 2021 年上半年，各品牌与各类平台在营销方法上力求突破，以创造话题、借势营销、病毒式裂变等方式，获得了良好的营销传播效果。我们根据微博热点榜以及业界讨论热度较高的案例整理出本年度互联网营销传播热点大事记，对其主要营销创新点与突出传播效果进行了总结。

● 2020 年 6 月—2020 年 7 月　京喜助力海尔拓展下沉市场

　　京东在微信的购物一级入口在 2019 年 10 月 31 日全量切换成京喜小程序落地页，京东战略布局中的京喜开始主推下沉市场。与此同时，海尔家电从 2008 年主推"家电下乡"，从个性化定制走向规模化定制。但伴随着疫情的冲击，冰箱销量下滑。在经济消费总体下行的大环境下，海尔京喜店铺利用京东供应链大数据和广告全域整合效果营销。

　　下沉市场是家电行业增量的主战场，是突破销量瓶颈的重要出口。借助京喜平台，海尔解决了供应链问题，打开了线上生意卖货新渠道。并且通过主推的"乡镇可达"，海尔真正实现了家电下乡，获得了在同类品中的竞争优势。

　　海尔将关注的重点投向了下沉市场，确立了提升下沉市场消费者对海尔品牌认知、帮助海尔家电拓展下沉市场新购买用户、提高下沉市场渗透率、巩固行业老大地位三大目标。

　　·广告选品策略上主推爆款产品

·广告投放上采取组合拳：精准通搜索广告为主、推荐广告和展示广告为辅。在"6·18"活动中销量大增

·广告素材上贴合乡镇消费者的审美习惯和购物特点

海尔品牌认知下沉，三至六线城市的订单占比领先一半，超出预期。

2020年H1海尔京喜店铺累计获得破亿曝光量，持续抢占京喜搜索入口黄金首位，形成霸屏效应，疫情期间新成交购买用户达到历史峰值；2020年1—7月海尔销售额京喜渠道持续增长，销售额翻倍增长，超出预期。

● 2020年7月　蒙牛特仑苏：全渠道营销

越发碎片化的媒介环境使用户的触点愈加分散，线上获客成本持续上涨，尤其疫情的到来促使线上场景迎来爆发，同时疫情阻碍了以往特仑苏十分重要的线下营销和线下铺货渠道，这对企业消费场景的整合营销策略提出更高的要求。场景作为影响消费者信息接收能力的关键要素，既是品牌寻求增量和获客的重要渠道，也是实现品牌"种草"、影响用户心智的核心方式。京东营销360凭借站内外优质流量、线上线下强大的资源储备，以及技术和数据生态的协同优势，通过精细化数据洞察运用、优质资源整合和IP权益承接，以及京东的线上线下媒体、电商、配送等全渠道联动，实现线上线下全域场景营销共振。

·事件营销活动："特仑苏超级宠粉日"

借助用户数据分析、优化媒体策略组合，通过丰富的全渠道媒体资源精准触达目标消费者。

1）打通线上京东主站内外公域、私域流量资源，构建起规模巨大的购物、社交、娱乐、资讯等线上场景营销生态，形成360°用户路径的全面包围。

2）开展线下门店扫码福利活动，通过京东超市、京东七鲜、京东新通路和京东到家等铺货渠道联动，助力特仑苏品牌扩大活动声量。

3）通过海量数据标签及动态标签组合，圈选近30天有浏览、搜索、关注等行为的目标人群，定位线下足迹，全面覆盖用户最常接触的社区、出行、商圈、物流等线下营销场景，帮助品牌高效进行多维人群筛选。

4）通过指定商超门店LBS定向，圈选周边户外广告资源，对覆盖潜客进行投前预估，最大范围触达场景目标人群。

· 品牌IP资源：《向往的生活》IP权益承接

1）独家冠名：借势现象级热播综艺IP《向往的生活4》，通过节目主张和品牌理念的高度契合、节目内容与品牌广告的深度结合，以高品质的趣味内容强化用户对产品的认知和对品牌的认同。

2）权益承接：承接《向往的生活4》综艺节目品牌活动宣传权益，包括张子枫、彭昱畅明星权益等品牌IP资源，引导用户进入品牌官方店铺，打通京东站内流量转化链路，联动曝光、搜索类广告资源，以及京东超市、秒杀频道等站内公域营销资源，有效将站内公域流量通过商品加购、会员注册转化为品牌私域流量，进一步带动品牌会员增长。

● **2020年8月 宝洁：#热爱让我乘风破浪#**

· 借势热播综艺《乘风破浪的姐姐》，打造联动营销

一直以来，京东都是男性用户偏爱的购物平台。但伴随着年轻女性站内购物比例不断攀升，尤其在大促期间的美妆个人护理类所显示出的强大购买力，使得品牌开始关注并重视起在京东平台内的针对女性的营销活动。

宝洁立足于当代年轻女性用户"不断突破自我，享我所爱"的内心洞察。这部分女性因有自己的热爱与坚持，不再困扰于他人的目光，

默默守护自己的梦想与信念，突破自我。这种价值理念与当季热门综艺《乘风破浪的姐姐》所希望传递的价值观不谋而合。于是京东与宝洁联动《乘风破浪的姐姐》，共振京东年度营销主题"不负每一份热爱"，并推出#热爱让我乘风破浪#活动主题，邀请张含韵、吴昕、蓝盈莹。此举意在强化京东与宝洁的态度主张，鼓励支持年轻女性"看见热爱，享你所爱"，并顺机植入新的品牌价值即宝洁产品与京东服务会一如既往地陪伴消费者左右。

根据热门节目《乘风破浪的姐姐》所传递的价值观："所有的热爱都值得被看见，所有的热爱都值得去奔赴，坚守女士们的自信与勇敢，尽情投入自己的热爱，奔赴每一个人生的舞台"，结合品牌理念，提炼出的精神内核：#热爱让我乘风破浪#。

集结有热度的明星，邀请 No.1 话题综艺《乘风破浪的姐姐》里的张含韵、吴昕、蓝盈莹，展开以#热爱让我乘风破浪#为主题的全域营销活动。创办独家综艺。首创综艺化直播，设计姐姐们的"复古睡衣趴"，观看量破 3000 万，视频总播放量达 5800 万，打破了京东的站内直播观看纪录，Big idea 创新直播更是引领了电商直播新玩法，以全域营销打通了线上线下场景。

· 创意短片与 H5 广告投放，进行消费端点状突破

· 进行微博话题营销与京东直播，扩大传播面

购买热搜产品，持续提升热度。利用微博旗下的热门话题产品，放上事先转变的营销物料，持续打造热点事件，话题社媒传播阅读量超 7.3 亿次，直接互动超 80 万次，创京东超级品牌日主题类历史新高。

全渠道营销，多途径导流。品牌发布预告、四大明星直发微博、明星工作室联动站台、粉丝营销、娱乐营销圈层击穿、热搜#热爱让我乘风破浪#导流站内。

● 2020 年 8 月　洽洽：探寻坚果的保鲜密码

·推出联名包装及表情包等系列周边产品

品牌与 IP 的跨界营销层出不穷，原本没有直接关联的元素通过相互渗透、融合，赋予品牌立体感和纵深感，打通品牌与消费者的全新沟通方式，在巩固既有忠实消费者的同时，还可开拓更多年轻消费族群对品牌的认知和喜好。

洽洽小黄袋每日坚果跨界联合知乎"刘看山 IP"萌趣演绎坚果保鲜知识，推出联名包装及表情包等系列周边产品。

·开展《坚果保鲜的那些事儿 | 寻"鲜"之旅》互动 H5 硬广、问答游戏、集卡兑奖活动，加强消费者趣味互动

消费者通过扫描洽洽小黄袋包装外二维码即可进入《坚果保鲜的那些事儿 | 寻"鲜"之旅》互动 H5，H5 以"旅程"为切入点，通过绘制坚果鲜气地图（坚果产地国），邀请消费者与刘看山一起开启洽洽的寻鲜旅程。

旅程之中结合"保鲜 + 健康"卖点植入知乎上趣味保鲜知识互动问答，凭借"有趣有料有奖涨知识"的问答游戏吸引消费者与之深入互动，并通过集卡兑奖方式激发消费者收集兴趣，在传播同时带动产品销量增长。

·知乎圆桌、双微一抖、小红书等多平台借力 KOL 进行"保鲜"相关话题发酵

以知乎圆桌等多样形式传播"坚果保鲜的那些事儿"主题内容，特邀知乎站内营养学、食品安全、美食、生活 4 个细分领域的 8 位嘉宾坐镇圆桌，以具有启发性"那些事儿"引发消费者的好奇及兴趣，例如"为了一口'新鲜'，人类付出了多少努力？"等智趣内容结合知乎平台对知识的"科普性"和洽洽小黄袋的"保鲜"传播核心，简洁直

接地传递坚持保鲜、不断探鲜的生活品质价值观，吸引大众围观大话坚果。

双微一抖、小红书等多平台对洽洽小黄袋×知乎跨界"探鲜"包装打卡发酵，不断曝光"每日一包补充身体所需营养"的品牌诉求。

随后上架洽洽小黄袋×知乎联名礼盒，用冰箱的礼盒造型影射洽洽小黄袋"保鲜"的产品卖点，通过天猫及品牌的集中造势，打造品牌爆款。在整波活动收尾前，通过"洽洽"机构号发布品牌原生文章"如何看待'每日坚果'必须挑'新鲜'的?"再次巩固用户对洽洽掌握核心保鲜技术的认知。

● **2020 年 9 月　ALIENWARE#巅峰 24 小时#营销事件**

·借势戴尔外星人与 NASA 的 IP 合作，发起事件营销

作为顶级游戏笔记本，外星人一直是许多游戏玩家的最终归宿。尤其是以 Z 世代为代表的年轻人群体，他们对于个性、时尚有着强烈的追求，而外星人的品牌调性与性能需求都十分契合年轻人，使之赢得了市场的青睐。如今口碑传播更是成为各行各业必备的撒手锏，如何在品类相同的高度竞争化行业中博得先机需要的不仅是产品质量，更需要知名度。

电脑品牌本身就极具话题性。在我国"天问一号"火星探测器、NASA"毅力号"火星车先后发射后，国内天文宇航话题正热之时，戴尔外星人与 NASA 进行了一次 IP 合作。因此可以尝试借助这一风口进行营销。

由于 2020 上半年过于魔幻，出现了"下半年说不定会出现外星人"的全民期待现象切入，把外星人游戏本和外星人做联结，京东为品牌打造一个独特的"外星人"形象，借势平台、品牌、IP、热点，有节奏地围绕其进行一系列营销，并推出合作 IP 礼盒，更具纪念意义。

·讲好"外星人"故事

预热期，围绕#2020 发现外星人#为话题，发布悬念海报，吸引目标用户关注。

爆发期，以一支科幻脑洞 TVC 为核心，从"登月""阿姆斯特朗信号消失的 4 分半钟发生了什么"的脑洞出发，结合京东平台特性，讲述一个未来京东快递员到月球上给外星人送"外星人电脑、索尼相机、行星全书"的#未来好物站#故事。后续联合《时尚芭莎》，为外星人、京东宇宙快递员、产品打造平面大片，演绎星际时尚，打造独特的外星人营销。

·京东与 B 站、抖音、微博等各大媒体进行广告创意投放及红人、主播推荐、带货。

在抖音上发布内容概念短视频广告实现话题、讨论热度扩散。

在微博上，ALW 官博 + 戴尔中国官博发布巅峰 24 小时活动悬念海报、官宣海报、红人视频及品牌日活动主 KV 及巅峰 24 小时活动 Offer，合作红人、达人发布扩散。

B 站投放硬广，合作评测 UP 主进行宣发，重点突破有购买力与购买欲望的目标消费群体，采用深度合作的模式精准投放广告并引入京东外链。

陌陌"颜值 + 游戏"主播直播带货，总观看人次 23.5 万 + ，最高同时在线 4 万 + ，吸引目标消费者目光。

● 2020 年 10 月 伊利 我的家乡"臻"有料

·伊利臻浓牛年借势《我和我的家乡》国庆强档开展内容营销 + 跨界营销活动

对于臻浓品牌和国民级电影 IP 来说，找到一个"浓"（品牌）和"家乡"（IP）的连接点，在双节节点下实现臻浓品牌的声量突围，全面提升品牌年轻化属性是此次营销面对的关键挑战。"最浓不过故乡情"，每个时代下的乡情，都是对于家乡话题最浓重的色彩。对于当代年轻人来说，家乡那些最容易引起共鸣的当地美食、美景和文化也成功在那些家乡的"乡情"中脱颖而出，成为最能代表家乡也最容易被当代年轻人分享、宣传甚至炫耀的记忆和故事。用户对家乡所有的情感落点离不开家乡特有的"料"。蓝标数字围绕着"我的家乡'臻'有料"的概念，为臻浓开展内容营销＋跨界营销，通过"爆料"家乡上包装来吸引用户参与，同时将有料的概念关联产品，实现品牌传播的强占位。

·闫妮（抖音）、李雪琴（微信视频号）创意短视频传播打入下沉市场

臻浓有料直播间：选择四个最有料地区，挖掘新旧交替下的方言故事，合作地方特色演员闫妮打造电影番外，掀起"我的家乡'臻'有料"话题互动，飙方言爆料家乡，延续闫妮在电影中当红主播人设，以最抖音的爆料方式夸赞家乡；锁定脱口秀大会大热选手李雪琴，预订决赛后档期，赛事热度空前，李雪琴霸屏热搜，也将活动带向流量峰值。李雪琴本人特有的东北口音较有辨识度，通过假象梗产出有记忆的"方言新词"，加入品牌主题内容更易产生共鸣。

·方言版产品包装拉近消费者心理距离

产品的落地终端，承接浓烈乡情共鸣，实现由线上到线下的营销闭环，助力终端销售。

·抖音短视频平台 KOL 助力话题发酵

●**2020 年 11 月　各电商平台及品牌"双 11"系列营销活动**

·各平台均提前 20 天投放预热广告，开启预售活动

·推出针对新品牌的营销扶持，定点拉动新品孵化与小微企业

成长

·侧重互动属性媒介平台进行广告投放，如抖音、快手等短视频平台以及直播渠道进行挂链营销推广

·跟随预售时间节点进行高密度广告投放

·天猫"千玺＆千喵"双代言人的模式打造年轻人喜欢的 IP

·华扬联众 X 一加 OnePlus 8T 赛博朋克 2077 限定版"双 11"发售

1）一加手机联名游戏"赛博朋克 2077"计划在 11 月 11 日发售定制版新品，希望通过事件传播，树立一加硬核潮酷、年轻时尚的品牌形象，并辐射大众圈层，最终实现品牌声量及产品销量的提升。

2）定制机市场产品日新月异，品牌和游戏 IP 的捆绑已屡见不鲜。且当前市场浮于表层的定制机记忆点弱且口碑不佳。赛博朋克 2077 游戏多次跳票的信息，让核心游戏及科技圈层人群更加锁定社交媒体及垂直游戏媒体。另外，他们热衷于讨论，对新品/新游戏的测评相当感兴趣。

3）OnePlus 突破行业常规，从文化角度切入联合定制产品，从 ID 设计到软件体验需求再到周边，打造了一款深入基因的真正的定制机"一加 8T 赛博朋克 2077 限定版"。

4）采用 KOL 矩阵传播策略，邀请了微博、B 站及垂直游戏媒体上 100 ＋游戏圈层的 KOL，对事件进行宣发，对产品进行解读和测评，快速加热游戏＋科技圈层，爆发内容势能，引发舆论发酵。联合 Razer 雷蛇打造#夜之城计划＋1#活动，加强渗透游戏圈层。

B 站 KOL 选择了中国 BOY 超级大猩猩＋黑桐谷歌等；微博 KOL 包括科技美学＋小白测评＋游戏收藏室等，海外顶流 KOL 如 MKBHD、Unbox Therapy 等。

预热期，微博上线话题页，蓄热事件。爆发期，KOL 宣发产品概

念视频，扩大时间告知范围，针对产品进行评测解读，二次宣发，加深事件影响力，实现全网"种草"。持续期，线下门店及时承接线上流量开展见面会，形成用户体验闭环，实现线上线下联动。

最终收割大量优质 UGC，"自来水"热情盛况空前。微博多次自然热榜，行业媒体自然收录，成功辐射大众圈层。

• 2020 年 12 月　OPPO Reno5 系列新品发布大秀

· 李易峰、周冬雨主演微电影预热带动粉丝转发宣传

这一微电影得益于两位明星强强联手，掀起了巨大的话题波浪，话题#李易峰周冬雨新片#阅读量突破 1 亿，瞬间登上了微博热搜，#李易峰手语情书#也冲击热门话题榜，引发粉丝狂欢。@李易峰的手语微博邀请大家一起关注新品发布会撬动粉丝群体。到了发布会直播当天，@李易峰发博号召大家"别动 你被锁定了 今晚 19：40 请跟我去#OPPO Reno5#系列新品发布大秀走一趟吧"。此时微博通过广告推送、大视窗高强度曝光，以及话题彩蛋的方式吸引大量用户参与直播。

· 微博直播，李易峰、欧阳娜娜、周冬雨、春夏、杨英格等明星参与演出互动，专业摄影师、造型师介绍新品手机，突出产品"时尚 + 摄影"的卖点

· 微博 KOL 评测、推广、参与话题联动，打造营销传播矩阵

微博大量的数码评测机构及时跟进，这种具有业界影响力的评测机构背书使得 OPPO 手机在美之外又有了实力的保证。而漫画界的知名博主还采用漫画的形式撬动了其所在领域粉丝的关注，使 OPPO 产品内核得到了全新的阐释方式。

• 2020 年 12 月　美的 × 哔哩哔哩跨年晚会整合营销

被誉为"年轻人的春晚"的 B 站跨年晚会，近年来逐渐出圈，成

为年轻一代群体聚集的重要地方。美的作为家电企业，在Z世代心中的品牌形象与B站的年轻化风格并不相符，将品牌形象与产品同B站的风格挂钩，提高消费者对美的品牌形象认知是营销的挑战。

作为互联网世界中出生的Z世代们，生活在快节奏的社会时间里，拥有抓取最新信息、最潮科技的能力，他们习惯于并且渴望科技带来的便利。作为拥有庞大Z世代用户的B站，正好为美的智能家居打通Z世代提供了一个沟通的渠道。因此美的选择与B站跨年晚会进行整合营销。

·以极具悬念性的方式进行官宣预告，建立专题页面及话题，与Z世代深度沟通

在晚会预热阶段，不同于常规品牌轻植入的联名预告短片，美的则是以时下年轻人喜闻乐见的极具悬念性的方式进行官宣预告，并配合自家的IP小蓝成功抓住了广大网友的注意力。随后联合B站UP主落成的#为智慧生活添砖加瓦#专题页，更是用Z圈语言达到了极大的反响，通过赛博朋克的视觉风格，直击B站Z世代用户的兴趣点。在营销内容上，美的选择了最能够代表年轻人的"畅享""态度"两大维度进行话题输出与Z世代消费者深度沟通，以强大的情感共鸣在品牌与年轻消费者心上架起了一座隐形桥梁。

·跨年晚会《智慧三千问》节目中美的巧妙融入产品

美的打出了"为智慧生活添砖加瓦"的口号，节目内容也十分巧妙，智能扫地机器人、智能洗衣机、智能冰箱和侯乐天一起演奏《美的智慧三千问》，各种智能新玩法轮番上阵。智能家居还联合经典IP演绎回忆杀，引发B站用户"爷青回"的弹幕刷屏。

·联动B站六大圈层UP主，以智能家电为核心创造脑洞视频

联合多个UP主定制鬼畜、混剪、搞笑等专属于B站特色视频内

容，以 B 站由点及面，深耕一个平台玩透彻，真正实现将品牌、产品植入用户心里。

·专题页运用流量元素吸引用户参与；发起盲盒开箱视频征集，抓住品牌长尾效应

● **2021 年 1 月　Gucci × 哆啦 A 梦 营销联动**

·微信朋友圈互动广告拉动消费者沉浸式互动

·IP 联名加限量款预约发售

·购物赠送 Gucci 主题红包，客户有面又有品

● **2021 年 1 月　快手"深夜吃点啥"× 理象国玩出品牌高级范**

2021 年 1 月，刚上市 100 多天的冻品新锐品牌理象国亟须在消费者中打开市场，提升品牌知名度，建立与用户群体的深度连接。在短视频时代，美食不再只是美食，更是一种强大的内容媒介，具备多重沟通价值和破圈能力，美食营销具有强大价值。

理象国联合快手美食垂类王牌 IP"深夜吃点啥"，通过 IP + 达人 + 品牌三维联动，多维展现理象国产品特点，实现品牌破圈。

快手根据品牌特点，以"深夜吃点啥"IP 为基础，打出"IP 联运共创 + 私域种草转化 + 公域流量助推"的组合拳，助力理象国拓宽线上通路、打破圈层壁垒、加速流量转化，完成新品牌在快手平台的 C 位出道。

·通过 IP 授权，理象国在#深夜吃点啥#话题页强势露出；快手利用多样化的优质站内资源，对品牌多方位曝光

在话题页，由快手美食达人率先发布短视频预热，以深夜花式烹饪、家庭场景化表达等形式巧妙植入产品卖点。有调性、够专业、高品质的内容，瞬间激发用户的参与感和创作欲，众多创作者和用户参与到 UGC 内容共创。多元化内容更高效地影响到多用户圈层，强势助力理

象国新品牌起飞。

借助快手高价值私域流量与国民级公域流量，理象国以美食内容建立起与潜在消费用户的情感连接，实现了从流量到客流量的转化全链路。

·快手头部达人@葵儿发起专场直播

直播中连麦理象国负责人进行创意带货。直播间里，达人演绎水饺的花式吃法并发起优惠特价福利专送，完成了从"种草"到转化的一站式合作，达到了219万+直播带货播放量。

● **2021 年 2 月 《你好，李焕英》播映营销**

·官方微博连续发布制作专题文章，主创间友情成为绝佳营销热点

·主创团队联动多方开展借势推广，如贾玲走进薇娅直播间、贾玲春晚后宣传电影等

·短视频平台病毒传播，主创紧跟抖音热点，官方视频号推广电影高光片段，以直击人心文案引发消费者共情

● **2021 年 2 月 京东手机春节营销——最长的一盘棋**

·京东手机"放心"的品牌理念，通过为了放心的承诺付出而春节不回家的人们的故事引发共鸣

京东手机希望借助流量和情感集中爆发的春节，把"放心"这一品牌理念正式传播出去。

一份放心生活的背后都蕴含着无数人默默无闻的辛劳乃至艰苦的付出。尤其在奋力发展中的中国，这种精神尤为容易引发共情。而这与京东手机放心换的品牌理念不谋而合，2020 年新冠肺炎疫情席卷全球成为人类历史上步履艰难的一年，每个人都因为疫情影响或多或少地改变了自己的人生轨迹。因此，在春节期间国家倡导原地过年的大背景下，华扬联众携手陆川导演，为京东手机确定了将镜头聚焦在春节不回家、

为了放心的承诺而艰苦付出的人们身上，讲述他们的故事，引发共鸣，最终达到破圈效应。

短片根据无人区五等小站两个真实值班员的故事改编。小站孤寂荒凉，风沙漫天，24 小时全勤工作，两个人，两班倒。他们用 12 小时一步棋来抵抗极端工作环境中的孤独。短片用这一步步棋来展现他们身为平凡人的喜怒哀乐。故事里，他们为每位旅客的放心，甘愿默默无闻，现实中他们也如同棋中的兵卒，拼尽全力。这种精神，也正是京东手机给每一位消费者的承诺——人生如棋，落子无悔。

·品牌短片与话题#春节不回家的人都在干什么"一同投放

品牌短片与话题获得人民网、《中国新闻周刊》等主流媒体的推荐和好评，迅速刷屏头条话题。各地方媒体和 KOL 纷纷转发，让京东手机《最长的一盘棋》迅速破圈，并让京东手机放心换的品牌理念在更多人心中深植。

● **2021 年 2 月　纯甄×创造营 2021#撑腰指南#**

·借势热播综艺《创造营 2021》，建构"首席撑腰官"人设

·推出定制产品"小哥哥金句瓶"，引导粉丝打榜支持

·京东直播人气学员直播带货

● **2021 年 3 月　天猫超级品牌日#致女性的万行诗#**

·联合了李银河、柏邦尼等女性 KOL 话题互动，获得 2 亿阅读数及 3.5 万的讨论量

·借由"女性议题"的讨论诠释品牌价值观，期许受众共鸣

·垂直型 KOL 和横向型 KOL 的双渠道方式进行联合，形成完整的传播矩阵

不难看出，过去一年取得较好营销效果的热点案例有以下三个显著特征：一是关注目标人群，引发用户共鸣；二是品牌年轻化，借力跨界

营销；三是抓住重要时间节点，结合自身特色开展营销活动。品牌如何让消费者注意、记住并做出消费行为是永恒的命题。如何实现营销传播的品效双重升级？相信上述热点案例能够为互联网营销传播提供一些新思路、新启发。

【创新附录二】

从广告到营销：
后疫情时代实体经济的数字化转型

一、从广告到营销的发展历程

"广告"概念的界定看上去是一个不言自明、家喻户晓的常识性问题，但是随着时代发展、技术迭代以及社会思想观念的进步，"广告"一词越来越难以概括整个市场宣发活动。

2021年初，中关村互动营销实验室发布《2020中国互联网广告数据报告》，首次将互联网广告拓展至互联网营销的范畴。数据显示，2020年中国互联网营销市场总规模达10457亿元，其中非广告的互联网营销服务收入达到5494亿元，超过互联网广告总收入4972亿元。非广告的互联网营销服务收入规模超越互联网广告收入规模，是传统互联网公司从以广告为主的营收模式向以互联网营销服务为主转变的重要标志。

伴随互联网经济的深入发展，单纯的广告投放已无法实现广告主的全域营销目标。互联网的精准营销环境中，投放只是其中的关键一环，围绕消费者触达、共情及转化目标产生的数据洞察服务、内容创意规模化生产与分发、店铺（包含线上及线下）智能管理及推广等互联网营销服务，在营收规模上已不亚于互联网广告。这也就是说，广告公司的运营模式以及价值建构的范畴正在不断外延，虽然"广告"还有很强的传播属性，但是这种特征正在与"营销服务业态"融合发展，传统概念中的"广告"正在往更大的范围渗透，在数字经济时代已经成为营销传播过程中的一种从属手段。

从广告到营销，虽仅两字之差，背后体现的却是对中国互联网生态、企业营销需求及互联网企业所提供服务变化的深刻洞察。在大数据、算法以及人工智能等技术的赋能之下，全链路营销更能够进入广告所不能触达的领域。

从 1997 年中国第一条互联网广告出现至今，中国互联网营销市场发展大概可分为三个阶段。不同阶段，企业的需求、代表性互联网营销服务提供商、营销服务覆盖的范围等都存在显著区别。

（一）第一阶段（1997—2011）：生存是第一要义——以广告为主要营收的发展模式

从早期互联网公司的营收结构看，可以发现广告和营销的范畴已经越来越模糊。1997 年是中国互联网的开局之年，互联网的开放性和连通性解构了传统媒体所主导的传播体系，以新浪、搜狐、网易、腾讯为代表的新兴互联网公司在时代转型的浪潮中逐渐站稳脚跟，并且形成"四分天下"的格局。对这一批新兴的互联网企业来说，生存成为第一要务，而广告是其生存的核心突破口，也是互联网公司的主要变现方式。不过不同公司营收占比有所差别，门户网站的营收也不同程度地有从广告向营销服务拓展的倾向。

1. 主流门户网站从广告到营销的模式变迁

互联网的普及为广告投放带来了更多的选择空间，也为广告效果的测量提供了实际价值。2007 年，腾讯率先提出"腾讯在线品牌营销解决方案"——MIND 营销模式，分别对应着可衡量的效果（Measurabili-

ty）、互动式的体验（Interactive Experience）、精确化的导航（Naviga-
tion）以及差异化的定位（Differentiation），这几个词对第一阶段的营销
理念做出了简要概括，也标志着腾讯从广告模式向营销模式的转变。而
在这之前，腾讯2004年财报显示，"总收入""互联网增值服务收入"
占比38.4%，"移动及电信增值服务收入"占比56.1%，"网络广告"
占比只有不到5%。可以看出在这个阶段，门户网站已经不同程度地延
伸到了营销服务。

随后新浪也推出了自己的IMPACT营销模型，分别对应着互动性
（Interactive）、用户黏性（Magnetism）、聚合性（Popularity）、公信力
（Authoritative）、创意性（Creative）以及精准性（Target），这六个维度
主要衡量的是媒体平台的投放价值以及营销策略的有效性，针对的是广
告主更加关心的投放效果问题。相较于腾讯，新浪对广告的依赖性更
高，新浪2000年的财报主要指标是"净营收""广告营收"和"非广
告营收"，广告营收占净营收的比例大约是85%，到2011年广告营收
占比还有76%。

在2008年，搜狐推出了自己的"MATRIXE"矩阵营销理念，分别
对应最大化整合营销（Max Integration）、精准营销（Accuracy）、多触
点营销（Touch－point）、媒体影响力营销（Responsibility）、互动口碑
营销（Interactive）、营销体验（Experience），实现从线下到线上用户消
费闭环，提升不同阶段的营销体验。在此之前，搜狐2001年财报的指
标是"净营业收入""广告收入"和"非广告收入"，广告收入占比是
75%左右，2002年广告收入占比下降到55%左右，这也从侧面反映出
搜狐从广告到营销模式的变迁。

2. 第一阶段网络营销模式的共同点

第一阶段互联网从广告到营销模式的转变，是行业从自发到自觉过

渡的表征。当互联网为广告主提供越来越多的营销价值以及投入回报之后，整个行业要进一步发展，就需要有更加规范化以及理论化的指导模式。在追求高效的营销投放率的过程中，各大门户网站根据用户需求以及实际情况推出了字母组合的简洁化营销模式，这些营销模式在推广的过程中表现出一定的共性特点，这主要集中在以下几个方面。

首先，强调信息触达的有效性。传统媒体时代的广告模式更偏向于大众传播，由于技术等多方面限制，这种广告模式无法精确衡量传播效果，因此常常会发生"广告有一半被浪费了，但是不知道被浪费到了哪里"的窘况。在第一阶段，手机、电脑等媒介终端的出现创造了新的消费者接触点，广告主开始重视投放的媒体平台、投放时间以及投放方式，这些手段有利于建立品牌与消费者之间的接触点识别，在信息有效触达的前提下加强与消费者之间的有效沟通，从而影响其购买决策，也为后面的裂变传播提供人际传播基础，让所有的信息在互联网上聚合，放大传播效果。

其次，强调投放过程中的用户互动。不管是新浪 IMPACT 模型中的互动性、腾讯 MIND 模型中的互动体验还是搜狐 MATRIX 模型中的互动口碑营销都在强调营销过程中与消费者之间的双向联系。在互联网还未流行之前，纸媒的平面广告无法让受众参与到信息生产当中，传播格局中的中心化结构依然存在，但是在新型营销理念下，传受双方的互动仪式成为打破主体区隔的核心要素。

最后，强调多渠道资源整合。除了与消费者建立互动联系之外，产业链的整合与协调也是广告投放过程中的基本特征。但是在这个阶段，整合并不是指聚合越多越好，而是以消费者的需求与痛点，有针对性地整合相应的媒介渠道与后续服务链条。例如在搜狐营销矩阵中提出的最大化整合营销理念中，其变革的方向就是整合互联网与其他线下媒体的界限，形成跨部门、跨媒体、跨行业以及跨产业的矩阵整合样态，通过集成化的整合营销最大化地发挥信息聚合的作用，让营销达到事半功倍的效果。

（二）第二阶段（2011—2019）：价格到价值的全链路演进——广告向营销的延伸

2010 年，中国网民达 4.57 亿，其中国内手机网民规模达到 3.03 亿，网络购物用户年增长 48.6%。2011 年之后互联网进程加速，强调的是更强的交互性与个性化，进一步突出网民个体在网络信息生产过程中发挥的聚合作用，并且通过互联网的连接性让不同网民之间产生更加密切牢固的社交联系。在这个阶段，门户网站本身的局限性凸显，渐渐不能满足消费者日益多样化的需求，并逐步被后来的竞争者超越，而阿里巴巴、京东、美团、字节跳动等互联网服务提供商成为这个时期的活跃主体。从时间进程来看，2011—2015 年是互联网营销服务的储备兴起阶段，2016—2019 年是从以广告为主向以营销服务为主的全面转型阶段。

1. 主流互联网公司全域营销模型的转变

互联网为打通营销全链条创造了条件。早期上市的四大门户网站，财报中均有明确的广告收入及增幅，但 2010 年后兴起的阿里巴巴、京东、美团等互联网平台，财报所列营收项，虽标准不一，但均无明确的广告收入项，多为客户服务、佣金及在线营销服务收入。从以互联网广告为主要营收，到以互联网营销服务为主要营收，这种变化实质上是一种从营销工具论到营销价值论的链路转变，广告方更关注的不再是价格收益，而是自身价值的塑造和传播。

阿里"AIPL"：品牌用户定量化运营的全域营销模型。阿里的 AIPL 模型是对品牌用户进行定量研究和精细化运营的一种营销模式，它们分别代表着 Awareness（能精准触达的人）、Interest（感兴趣人群）、Purchase（购买人群）以及 Loyalty（忠诚用户）。在这样一个模型之下，阿里旗下品牌的大部分用户的大部分信息都会被收纳到数据银行中，一步一步实现从"A"到"P"的转化，依托产业智能化发展的基础资源，推动品牌进行"全链路""全媒体""全数据""全渠道"的营销。

腾讯"CIT"：从心理到行为接触点管理的全链路链接营销模型。全链路营销指的是在消费者完成的与品牌接触、认知到最后转化购买的过程，链路营销更注重的是产品与消费者产生的第一接触点。腾讯全链路营销的模型分别对应着 Cognition（认知阶段的用户）、Interest（兴趣阶段的用户）以及 Transaction（转化阶段的用户）。广告方对产品的投放形式、投放场景以及投放时间的考量首先是基于消费者对该品牌的第一接触点识别，然后才在这一基础上开启双方之间的有效沟通，开启 C to B"超级连接"体系。

字节跳动"O—5A—GROW"：以用户为中心的数据驱动链路营销模型。字节跳动推出的"O—5A—GROW"模型是以用户为中心、围绕产品认知到品牌拥护这一链路展开的营销路径。在这个基础上，字节跳动正在逐步实现从流量管理到用户管理的过渡。其中 5A 指的是 Aware（感知）、Appeal（好奇）、Ask（询问）、Act（行动）、Advocate（拥护），这个过程可以较为清晰地量化、维护营销各个阶段沉淀的私域用户，从而为品牌方制定适宜的推广策略。前面的"O"（opportunity）指的是有机会转化的潜在消费者。如果说"O—5A"是拉新的过程，那么最后的"GROW"则是价值评估模型，包括 Gain（品牌知名度）、Relation deepening（深度种草）、Owned self‑media（众媒养成）和 Word of mouth（口碑建设），将这些要素渗透进营销的每一个环节，利用数据共建打通营销闭环。

2. 第二阶段营销模式变迁的重要驱动力

首先，网民规模快速增长、互联网普及率大幅提升为新兴平台的崛起以及新的营销方式的诞生创造了基本条件。据中国互联网络信息中心（CNNIC）发布第 46 次《中国互联网络发展状况统计报告》，截至 2020 年 6 月，我国网民规模达 9.40 亿，较同年 3 月增长 3625 万[①]。在以微博、微信为代表的社交媒体成为人们生活中的必要交流平台之后，网民的数量每年都在以较快的速度增长。互联网的连通性让社会上的每一个人都有机会参与到创造性的劳动中，社交媒体的诞生为现实世界和虚拟世界构建出了一个价值传递、互动交流的平台，让每一个个体的需求更加清晰且具象化，人口红利就成为互联网上半场阶段的重要资源。对于广告主来说，这个阶段产品推广效果的重要衡量指标就是流量点击率，网民的基数决定了广告方的盈利水平，充分体现互联网的注意经济特征。

其次，移动支付的便捷性也为互联网营销扩宽发展空间。一方面，智能手机的快速普及为随时随地的移动支付提供了载体支持，电子货币正在逐步取代纸质货币，成为人们生活中各个场景的主要支付方式。对于广告方来说，下单支付的便捷性极大地缩短了消费者从种草到决策的流程，能够较快地调动用户的消费心理，进一步拉动社会消费需求。另一方面，4G 的普及也为移动支付提速赋能，为用户消费构筑了更加高效、安全的技术基础，让广告方能够以更加专业化的服务来培养消费者的付费意愿。在正在到来的 5G 时代，刷脸支付、虹膜识别以及声纹识

---

① 中国互联网络信息中心. 第 46 次《中国互联网络发展状况统计报告》［EB/OL］．［2020－09－29］．http：//www.cnnic.net.cn/hlwfzyj/hlwxzbg.

别等支付手段将进一步消除支付壁垒，增强消费场景的适配性，进一步加强用户消费体验。

（三）第三阶段（2019 年至今）：技术赋能下利基市场的长尾价值凸显——以营销服务为主的发展模式

互联网发展第三阶段的明显特征是非互联网广告营收规模匹敌并超过互联网广告规模。同时，在这一时期，大数据以及人工智能技术已经渗透到广告营销的全环节，数据已经成为一种重要资产，通过用户数据分析能够更贴近用户、理解用户，颠覆创新了传统营销在用户画像、广告投放以及效果监测等环节的运作方式。除此之外，这一时期，头部广告主广告投入并没有大规模增长，互联网营销收入的增量主要来自长尾。比如淘宝店主或新锐品牌等中小规模企业主，它们的营销预算不能支撑其在视频网站投放 15 秒硬广，但却能基于互联网平台提供的全链路营销服务，实现转化目标。同时，这些长尾的小微企业，也带动了互联网营销市场规模进一步增长。可以说，在这一时期，数字技术与小微广告主的发展之间是相辅相成的。

1. 技术提升互联网企业的触达效率

信息社会背景下，算法技术是解决海量超载信息的重要工具。算法通过大量用户的行为数据来分析定位与自身品牌相匹配的目标用户，帮助广告主进行降本提效的广告投放，形成了聚集社会长尾资源聚集的媒介供应平台，从而实现目标用户聚类匹配—广告主竞价购买—广告投放—用户数据反馈等系列数字广告链条的全自动化运行。以算法为基础拓宽消费市场，主要是基于以下两种思路：一种是基于用户信息以及行为的协同过滤，这种方式可以为其找到相似用户喜欢的内容，并做出推荐；另外一种是基于用户日常社交关系的精准推荐，即用户的转评赞甚至是贴标签等行为都会成为广告主判断用户喜好的重要依据。

2. 技术激活小微广告主的微价值与微资源

技术发展下，互联网所解决的是大工业时代所不能完成的对于利基市场和长尾需求的开放与满足，大数据、智能化算法的最大价值在于能够激活微资源、微能量，用微创新的方式来实现连接协同和价值变现。也就是说，技术的降本提效促进了小微企业的全链发展，而这部分长尾企业也在扩充市场规模。

近年来，中国互联网企业呈现出强者愈强、弱者愈弱的马太效应，除了 BAT（百度、阿里、腾讯）和 TMD（今日头条、美团、滴滴）等先后崛起的大型企业之外，受互联网经济红利惠及的小微企业也日渐繁荣。数据显示，截至 2020 年 7 月，全国企业中约 99% 为中小微企业[①]。一方面，这类企业市场基数大，并且普遍以轻资产模式运营，租赁与折旧费用较低，可以大幅度减少成本投入，在广告营销方面拥有更大比例的预算，还能够实现渠道分销以及定制化解决方案的"一站式"服务。另一方面，流量红利消退，头部城市的用户达到饱和，拉客成本扩大，各大互联网平台巨头将广告投放渠道转向下沉市场，也使这些小微企业得以跨越传统广告高企的投放门槛，享受下沉流量带来的红利。

二、互联网营销对实体经济的拉动作用

实体经济在广义上指的是与虚拟经济相对立的概念，即包括了采掘业、制造业、建筑业等一系列经营活动；而狭义上的实体经济是指与线上网购相对应的线下零售模式，目前后者的定义更被大家所广泛接受。

---

① 首创证券《5G + 智慧工业有望驱动移动通信业务新增长，中小微企业或成突破口》2020 – 09 – 24 file：///Users/skyechen/Library/Containers/com. Apple. Safari/Data/Downloads/3030572_ 1. pdf.

近年，我国先后颁布了《中国大数据与实体经济融合发展白皮书》等政策，主要倡导的是数字经济和实体经济的一体化进程，这也从侧面看出网上购物的数字电商还不被完全纳入实体经济的范畴，即目前我们使用较多的还是实体经济的狭义概念。

（一）互联网为实体经济提供的基础保障

1. 大量的消费者基础

目前国内的网民已经超过了 9 亿，网络普及率超过了 64%，利用手机等移动终端上网的用户比例超过了 98%，淘宝、京东以及拼多多等线上购物平台迅速崛起，成为用户了解、购买商品的重要渠道，物流产业的快速发展也缩短了产品运输的链条，间接拉动市场上供需双方的消费需求。除此之外，短视频、直播电商的兴起也为电商市场持续扩容，深入二三线的下沉市场进一步覆盖更广泛的人群。

例如，2020 年疫情期间，央视新闻新媒体陆续推出了 6 场以"谢谢你为湖北拼单"为主题的公益直播带货活动，从"小朱配琦"到"欧阳下（夏）单（丹）"，央视新闻主播与网红主播联手推销，每场直播的成交量都达数亿元。这种线上与线下相结合的营销模式，一方面解决了线下滞销的库存产品，另一方面也以低廉的价格满足了消费者的购物意愿。这也从侧面反映出电商购物所积累的消费者基数为实体经济的发展奠定了基础。

2. 高效的信息流通率

实体经济主要的销售模式就是线下零售，在数字经济还未发展起来之前，需要消费者切身实地地去线下实体店选购、试用、对比、购买商品，在买卖双方达成一致之后才能完成一个完整的消费闭环。和线下实体消费模式相比，基于互联网平台所开展的电商模式更为便利，网民可以跨越空间界限了解以及购买大部分与实体经济有关的物品或者服务，无须花费额外的时间进行线下挑选。而在信息高速流通的背景下，用户可以在线上完成消费流程，广告方也可以与用户进行实时互动，及时把握消费者的市场动向，找准消费者定位，调整营销策略，利用好互联网的优势并将此作为实体经济发展的重要支撑，通过信息的高效流通拉动实体经济的发展。

3. 便利的管理体系

实体经济需要对商品从供应链—物流运输—消费者推销—库存管理这一系列环节进行管理，而这些管理成本都成为实体经济营销模式中的重大损耗。基于此，互联网为实体经济提供的技术支持在于能够发挥其本身数据资源自动化处理的优势，缩短商品从供应链送达消费者手中的中间环节，压缩售后处理的周期，降低用户维系的成本，赋能实体经济降本提效。例如，阿里核心商业，一方面吸引商家入驻平台，收取一定的信息流和搜索引擎推广费用，这部分收入占总收入的46%；另一方面吸引消费者到平台上进行消费，通过精准化服务进行流量变现，阿里基于互联网通过连接商家、消费者以及第三方交易平台来打通线上到线下的交易闭环，从而拉动实体经济发展。

（二）互联网营销对实体经济"人—货—场"路径的重构

"人—货—场"链路中，"人"指的是消费者，"货"指的是商家提供的商品或者服务，"场"是将人和货连接在一起的平台或者渠道。传统营销模式下，企业在决策时往往会将自身利益放在第一位置，而很少去洞察消费者的心理行为意图，缺乏针对性的用户调研策略以及高效的营销方案。在数字空间中，信息社会为广告营销市场带来的最大变化是买方市场中心地位的确立。这也就意味着广告商需要一改以往的经营策略，对消费者媒介接触、消费心理以及购买习惯进行全方位的洞察和调研，才能把握市场，进而开拓市场。

1. 人——"宅经济"下用户消费行为习惯的线上化迁移

2020 年疫情重创经济发展，但是也为广告行业的内生动力转变带来了特殊契机。疫情发生后，人员隔离让大部分产业陷入停滞，线下活动场景转移至线上，直播带货、无人配送、网课教育以及云会议等领域的交易量却呈现逆势增长，激发催化了"宅经济"的加速发展。据艾媒资讯数据显示，我国 2019 年的"宅文化"消费者规模已达 3.32 亿人，2021 年有望突破 4 亿。数字平台的发展为用户消费习惯的线上迁移提供基础保障，同时也在带动营销的数字化升级，将营销的重点从对商品的硬件属性打造转向对消费者的情感运营。

2. 货——实体零售的数字化转型与协同发展

人们生活习惯线上化迁移也在倒逼企业加快数字化转型的步伐。2020 年兴起的直播电商重构传统消费场景，通过情感制造重塑群体之间的互动仪式，促进产业链终端不同主体之间的要素协同，弱化交易双方的买卖关系，增强群体间的情感联结，成为数字化营销和商业变现的重要战略之一。据统计，2020 年上半年电商直播场次超过 1000 万场，活跃主播人数超过 40 万人，观看人数超过 500 亿人次，上架商品数超过 2000 万件，直播电商进一步促进了传统购物场景的媒介化升级。而数字经济与实体经济融合，将加速实体经济发展模式从"卖方创造需求"向"买房引导供给"的转变，在未来，市场格局将从"规模经济"转换到"范围经济"。

3. 场——物流运转效率进一步缩短商品转化链路

传统零售时代，"场"指的是物理空间中的黄金位置，也是广告方和品牌竞争的重要制胜点。但是在数字信息社会，"场"的概念进一步泛化，不仅包括了物理定位，还囊括了将人和货连接在一起的平台以及渠道。其中物流体系是营销链路中不可或缺的一环，物流不仅是消费者完成跨时空购物流程的基础条件，也是国民经济发展的重要支撑。中国物流与采购联合会会长何黎明表示，近 5 年来，中国社会物流总额年均增长率超 6.5%，物流业总收入超 10 万亿元①。除此之外，阿里巴巴发布的 2020 年第三季度财报显示，菜鸟网络的收入同比增长 51% 至113.60 亿元，并且已经将中国订单送到国际市场的平均派送时间缩短了 3.5 天。未来，菜鸟还将持续投入建设全球智能物流骨干网。

（三）疫情下实体经济营销模式的变迁

互联网全链路连接派生出了新的营销渠道和营销方式。一方面，移动互联网营销为用户与产品之间提供了新的接触点，让信息交流的效率大大加快，同时也降低了用户获取信息以及购买决策的成本；另一方面，衍生渠道和平台的复杂化也导致广告方在核心渠道运营的权重以及声量下滑，因此需要同时维护多个信息渠道和平台以维持原有的声量，但是这种投入又会增加广告方整体的运营成本。针对互联网快速迭代发展的背景，实体经济的营销模式可以划分为全渠道营销、融屏联动营销以及泛视频化营销。

1. 全渠道营销：拓宽广告方信息输出广度以及用户购买渠道的宽度

全渠道营销是一种基于移动互联网的多渠道营销方案，即以用户体验为核心，以平台资源和生态创新手段维护与用户之间的情感联系，通过两微一端一抖等多渠道联动的相互呼应，打通线上线下闭环，为用户

---

① 新华社. 我国社会物流总额年均增长率超 6.5% ［EB/OL］. http：//www. xinhua-net. com/politics/2020 – 12/29/c_ 1126923750. htm.

建立正面的品牌印象，从而提高品牌的社会影响力。已有研究证实，全
渠道营销的顾客留存度大约为87%，而未实施全渠道营销的企业顾客
留存度仅为30%①，这从侧面反映出全渠道营销对维护用户忠诚度的作
用，挖掘潜在用户人群，加强企业对营销全通路的集中管控能力。在实
际应用上，腾讯广告曾提出"全链路数字化营销"四大连接模型，包
括品牌心智连接、交易转化连接、私域用户连接和体验创新连接，定位
商业服务中台，联动全平台资源和生态合作伙伴助力全链路数字化营销
转型，更好实现用户连接。

2. 融屏联动营销：跨越多屏区隔，打通用户"种草"到消费的
闭环

从电视、电脑到手机，各类新兴媒介不断涌现，单一终端的媒介投
放形式不再流行，融合多种媒介以及屏幕的整合营销逐渐成为主流的推
广理念。当下社会的媒介环境先后经历了多屏时代、跨屏时代和融屏时
代这三个阶段，用户的触媒习惯越来越多元化和分散化，不仅仅在固定
场景下使用单一的设备终端，而是在融合场景之下，自由交替使用多种
媒介来满足需求。在疫情隔离期间，用户处于家庭场景的时长大幅增
加，家庭物联网成为数字智能化的重要承载场景，广告方通过家庭智慧
屏作为多屏联动的一站式、全场景落点来达成营销目标，融屏智慧营销
已经成为跨屏营销的下一个风口。

3. 泛视频营销：营销内容的重要载体

5G新基建的普及带来视频的高速率、低延时的传播态势。视频从
以往提供娱乐信息的属性发展到可以承载知识信息、商业产品甚至带动
买卖双方沟通的重要媒介，视频营销已成为当下互联网社会的基础性服

务。据中关村互动营销室数据，2020年中国互联网营销市场总规模突破万亿元大关，达到10457亿元。互联网广告收入达4972亿元，增速为13.85%。视频广告收入规模约为904亿元，较上年增长64.91%。其中短视频广告增幅为106%，远超长视频广告25%的增幅。

4. 赋能营销全链路：从新品研发到增强销售

今天的互联网不只是广告渠道，其数据技术还能帮助企业洞察消费者需求，研发新产品，甚至增强销售能力。

在研发新产品上，阿里和京东等电商平台都拥有创新中心，大量服务型公司也都推出基于互联网大数据的用户洞察产品，可以说中国所有消费品企业都在通过互联网倾听消费者声音，并及时进行服务产品的创新调整。互联网帮助中国的营销者快速了解消费者需求，研发出更匹配需求的产品服务，并能即时通过消费者是否满意的反馈，为消费者提供产品服务的优化迭代。

在强化销售能力上，互联网产品和能力服务了中国大量线下实体店铺的生产、服务、分销环节，使消费者在线上线下获得一致性体验，让小体量实体店也能不断扩展，促进产品流通。中国大量的农产品、餐饮业、服务业小店店主正是通过互联网把产品以线上＋线下模式推广给更多用户，提高销售能力，获得最终成长。概括地说，互联网技术和数据为企业增强了包括消费需求洞察、产品研发创新、用户服务、物流渠道拓展的全链路能力。

5. 革新营销方法论：带给中国品牌营销上的领先新模式

中国是世界上互联网基础建设最好、发展速度最快、网民人数最多、互联网应用创新最多的国家，这一条件使中国在数字时代营销中从营销方法论的跟随者角色变成了创新者、引领者。中国营销者们在领先的互联网环境中创造了一系列新营销模式，形成了互联网品牌如何快速成长的先进方法论，这套方法论在其他国家营销实践中被证明同样能获得成功。例如小米、华为等中国消费电子企业，在竞争激烈的国内市场打磨出来的品牌塑造路径和营销方法，使它们在渗透印度、欧洲、非洲等市场中取得同样令人瞩目的成就。再比如Tiktok（抖音海外版）在海外市场获得的巨大成功，短期内就成长为这些市场中最受欢迎的网络产品。中国互联网服务产品已经成为全球互联网服务产品营销所效仿的对象。这些都与中国品牌在国内互联网环境下，培养出大量优秀营销人才，创新出独特的内容生产模式、营销传播模式有关。总而言之，中国领先的互联网环境，为中国品牌能快速成长为强品牌、全球性品牌，创造出新模式和方法。

6. 监管与规范：营销模式的新生态

中国互联网产业在快速成长中充分展示出效率优势，但同时亦带来了行业垄断、侵犯用户隐私、虚假宣传等伤及社会公平的负面影响。为此国家主管部门已先后出台多项监管、规范相关法规措施，力求在规范中促发展，建立良好的互联网营销环境，促进互联网产业的健康可持续发展。2020年，国家市场监督管理总局发布了《关于平台经济领域的反垄断指南（征求意见稿）》《规范促销行为暂行规定》；国家互联网信息办公室发布了《网络信息内容生态治理规定》《互联网直播营销信息内容服务管理规定（征求意见稿）》等法规。这充分说明了建立互联网营销新生态，是市场发展的需要。

三、结语

综上所述，从广告到营销的变迁并不是一朝一夕使然，而是整个市场发展的必然结果。从互联网发展第一阶段到第三阶段，技术在进步，用户需求以及触媒习惯也在不断变迁，广告主要抢占市场份额就需调整投放战略，制定适应历史发展的规划。一方面，网民规模的快速增长，移动终端设备的普及，移动支付的便捷性，大数据、算法以及人工智能等技术的应用为新兴互联网平台营销模式的转变提供了重要驱动力。另一方面，互联网营销能对实体经济产生拉动和促进作用，主要源于为实体经济提供了大量的消费者基础、高效的信息流通率以及便利的管理体系。基于此，互联网营销与实体经济的融合发展进一步重塑传统链条中的"人—货—场"路径，并且促进营销模式向全渠道、融屏联动以及泛视频化的趋势发展。